Knoten

Das große Praxis-Handbuch mit mehr als 200 Schritt-für-Schritt-Anleitungen

Geoffrey Budworth

Knoten

Das große Praxis-Handbuch mit mehr als 200 Schritt-für-Schritt-Anleitungen

tosa

Erstveröffentlichung unter dem Titel:
„The Ultimate Encyclopedia
of Knots & Ropework"
© Anness Publishing Limited, 1999
www.annesspublishing.com; www.lorenzbooks.com

Genehmigte Lizenzausgabe
tosa GmbH
Fränkisch-Crumbach 2014
www.tosa-verlag.de

ISBN (13) 978-3-86313-580-5

Herausgeber: Joanna Lorenz
Redaktion: Sarah Duffin
Designer: Michael Morey
Fotografien: Rodney Forte

Bildnachweis:
shutterstock: Fotografiche Cover front, Cover back

Inhalt

Einleitung

„Es ist merkwürdig, wie wenig der normale Mensch
selbst über die einfachsten Knoten und ihre Machart weiss."
(R. M. Abraham – **Winter Nights' Entertainment**, 1932)

Knoten sind ein vergnüglicher Zeitvertreib. Die Knotentechnik ist leicht zu erlernen und es dauert nicht lange, bis man über ein größeres Repertoire an Knoten verfügt. Sie ist bestimmt genauso unterhaltsam wie die Lektüre eines guten Buchs und das Endergebnis ist gleichermaßen zufriedenstellend wie ein gelöstes Kreuzworträtsel oder ein fertiggestelltes Puzzle. Darüber hinaus bietet die Knotentechnik zahlreiche Anwendungsmöglichkeiten. Oft ist es sinnvoller, kostengünstiger und auch stabiler, Dinge mit Knoten zu befestigen, als Sicherheitsnadeln, Kraftkleber, Reißverschlüsse oder Klebeband zu verwenden. Jeder sollte wenigstens ein paar Knoten kennen. Aus diesem Grunde wurde 1982 in England die *International Guild of Knot Tyers (IGKT)* gegründet, die heute international als Bildungseinrichtung anerkannt ist.

Die Vielfalt an Knoten, die stets variiert und optimiert wird, umfasst mehrere Tausend.

Überdies haben Knoten auch eine dekorative Funktion, die insbesondere beim Makramee, beim Flechten, bei den chinesischen Schmuckknoten oder beim japanischen „Kumihimo" im Vordergrund steht. Dazu gehört ebenso die Herstellung von Quasten, traditionellen Strohpüppchen sowie Häkelarbeiten. Auch Zauberer und Entfesselungskünstler bedienen sich der Knotentechnik, die nicht zuletzt in der Mathematik ein interessantes Forschungsfeld darstellt. Egal, ob man sich nur gelegentlich oder mit größerem Engagement dem Knoten widmet – es ist eine reizvolle Beschäftigung, aus der für manchen eine lebenslange Leidenschaft werden kann.

Die hier vorgestellten 200 Knoten sind keine allumfassende Knotensammlung, jedoch werden sie sowohl den Anfänger faszinieren als auch den geübten Knotenfreund etwas Neues lehren.

Zeichenerklärung für die Einsatzbereiche

Die jeweiligen Einsatzbereiche der einzelnen Knoten sind durch die nebenstehenden Symbole gekennzeichnet.

Angler/Fischer	
Bootsfahrer/Segler	
Haus und Haushalt	
Bergsteiger	
Camping/Outdoor	

Geschichte & Verwendungsmöglichkeiten

Bereits in der Steinzeit wurden Knoten geknüpft – vermutlich schon bevor der Mensch das Feuer entdeckte und den Ackerbau entwickelte, wie der amerikanische Knotenforscher Cyrus Lawrence Day vermutet. Stichhaltige Beweise liegen leider nicht vor, denn das verwendete Material (Ranken, Pflanzenfasern und tierische Sehnen) konnte die Zeit von vielen tausend Jahren nicht überdauern. Archäologische Funde deuten jedoch darauf hin, dass die Menschen bereits vor 300 000 Jahren Seile verwendeten und Knoten zu knüpfen verstanden. Die ersten Beweisstücke, wie Fragmente von Netzen, Fischfangleinen, Amuletten oder Kleidung, sind um die 10 000 Jahre alt. Daher wissen wir, dass in der Steinzeit bereits verschiedene Knoten, wie z. B. der Überhandknoten, der halbe Schlag, der Kreuzknoten, der Webeleinstek sowie der Laufknoten, geknüpft und zielgerichtet für unterschiedliche Zwecke im Alltag eingesetzt wurden. Sie fanden

Kunstvolles und dekoratives Tauwerk

Tauwerk aus Kokosfaser und dunkel geteertem Hanf sowie Schiemannsgarn

Dekorative Marlspiekerarbeit

bereits entwickelt. Bevor die Schrift zur Verfügung stand, wurden Knoten zum Sammeln und Festhalten von Daten, besonderen Ereignissen und Genealogien sowie zur Erinnerung von Überlieferungen und Legenden verwendet. Ebenso hatten sie eine wichtige Funktion als Gedächtnisstütze bei Gebeten und zur Speicherung von Informationen, um bei der Abwicklung von Handelsgeschäften nicht den Überblick zu verlieren. Vermutlich sind des Weiteren sowohl Gebetsketten wie der Rosenkranz als auch das Rechenbrett und seine Vorläufer auf den Knoten als frühe und einfache Form der Datenspeicherung und Erinnerungshilfe zurückzuführen. Wer sich einen Knoten ins Taschentuch macht, knüpft also an eine uralte und traditionsreiche Form der Erinnerungshilfe an.

Verwendung beim Jagen und Fischen, beim Tragen von Lasten und zur Herstellung von Schlingen. Auch bei kultischen Ritualen spielten Knoten eine wichtige Rolle.

Die Besiedler der Schweizer Seen in der Jungsteinzeit waren hervorragende Seilhersteller und Weber. Sie stellten bereits Netze unter Verwendung eines Maschenknotens (ähnlich dem Schotstek) her. In späterer Zeit, nach der Erfindung des Glases, wurden damit Glasschwimmer eingeknüpft, die an Treibnetzen befestigt wurden. In historischer Zeit war die Knotentechnik in ihren Grundzügen

Alte Fischer-Glaskugeln in Netzen aus Maschenknoten

Ein Taufender

Ein Bootsfender, in der Mitte verstärkt durch einen alten Treibriemen

Schon im alten Peru fertigte das Volk der Inkas stabile Seile aus Pflanzenfasern der Agave. Daraus knüpften sie einfache Hängebrücken von erstaunlicher und zuverlässiger Stabilität über steile Gebirgstäler von schwindelerregender Tiefe. Neben ihrer exzellenten Textilproduktion entwickelten sie in Ermangelung einer Schriftsprache ein ausgeklügeltes Knotensystem (bekannt als *quipus*, von Quechua *quipu* = Knoten). Sie verwendeten dieses System zur Aufzeichnung von Informationen zur Verwaltung ihres Reiches, das sich von Norden nach Süden über eine Strecke von 4827 Kilometer ausdehnte.

Noch um 1822 wurden auf Hawaii mithilfe von Knoten in unterschiedlicher Farbe und Beschaffenheit an einer mehr als 800 Meter langen Leine die Einnahmen der Einwohner aufgezeichnet.

Über die Bedeutung der Knoten im Alten Ägypten ist leider nur wenig bekannt. Jedoch sind sich die Wissenschaftler einig, dass in dieser Kultur Leinen mit Knoten zur Vermessung am Bau verwendet wurden.

Behäkelte Flaschen, ein Segeltucheimer („Pütz" genannt) und ein Seesack

Natürlich muss an dieser Stelle auch an die griechische Legende über den Gordischen Knoten erinnert werden. Gordius, der Vater des Midas, war bäuerlicher Abstammung und wurde König von Phrygien. Daraufhin stiftete er seinen Streitwagen dem Zeus. Die Deichsel dieses Wagens war durch einen Lederriemen mit dem Zugjoch verbunden, dessen Knoten niemand zu lösen vermochte. Wem dies dennoch gelang, so lautete das Orakel, der würde Herrscher über ganz Asien werden. Als Alexander der Große während seines Zugs nach Persien versuchte, den Knoten zu öffnen, verlor er schon bald die Geduld und trennte ihn durch einen Schlag mit dem Schwert. „Die Lösung des Gordischen Knotens" wurde zum Synonym für die

Quasten aus Tau

Dekorativer Griff einer Seekiste

Überwindung eines zunächst unlösbar erscheinenden Problems mit unkonventionellen Mitteln.

Seeleute und Cowboys

Die Knotentechnik hat für die Seefahrt und den Wassersport eine große Bedeutung. Von besonderer Wichtigkeit war sie im 18. und 19. Jahrhundert an Bord der großen Kriegs- und Handelssegler, wo sie eine besondere Blütezeit erlebte. Auch entstanden in dieser Zeit Knotenarbeiten, bei denen Funktionalität und Ornamentik miteinander verbunden wurden. Doch auch

für Bogenschützen, Angler, Korbflechter, Glöckner, Buchbinder, Baumeister, Bauern, Fleischer, Fuhrleute, Schuster, Cowboys, Hafenarbeiter, Feuerwehrleute, Fischer, Müller, Soldaten, Chirurgen und Weber war die Knotentechnik ein nützliches Hilfsmittel, das sie bei ihrer Arbeit unterstützte. Dabei beschränkte man sich nicht auf reine Funktionalität und strebte eine Verbindung mit der dekorativen Ornamentik an, was z. T. sehr kunstvoll gearbeitete Knoten- und Flechtarbeiten hervorbrachte.

Magie und Medizin

Knoten zu knüpfen ist ein uralter Brauch. Oft wurden ihnen magische Eigenschaften zugesprochen, was sich Zauberer und Hexen zunutze machten. Dadurch erhielten die Knoten in Erzählungen, Legenden und Sagen eine besondere Bedeutung. In Homers Odyssee z. B. erhält Odysseus von Äolus, dem König der Winde, einen Ledersack, in den alle ungünstigen Winde fest eingeknotet waren, damit ihm diese auf seiner Heimreise nicht zur Gefahr werden konnten.

Der griechische Philosoph Platon (ca. 428–347 v. Chr.) verabscheute die Knotenmagie und sprach sich dafür aus, ihre Ausübung mit dem Tode zu bestrafen. Noch um 1718 wurde ein vermeintlicher Hexer auf dem Scheiterhaufen verbrannt, weil er eine Familie mittels Knotenzauber verhext haben soll.

Eine Affenfaust (Knoten am Ende einer Wurfleine), hier als Türstopper genutzt

Der römische Gelehrte Plinius d. Ä. (ca. 23–79 n. Chr.) empfahl, Wunden mit einem Herkules-Knoten (eine Form des Kreuz-Knotens) zu verbinden, damit sie schneller heilten. Dieser Knoten wird auch heute noch bei der Anfertigung von Schlingen und Bandagen verwendet, jedoch weiß kaum noch jemand, auf welche Tradition er zurückzuführen ist.

Der griechische Arzt Oreibasios von Pergamon (ca. 325–403 n. Chr.), Leibarzt von Kaiser Julian, erwähnt in seiner Enzyklopädie 18 medizinisch nutzbare Knoten, die zwar nicht illustriert sind, bei denen es

Verladehaken für Hafenarbeiter

Altes Knotenwerkzeug

Klassische Bootsfender aus Kokosbast

sich aufgrund ihrer Beschreibung jedoch vermutlich u. a. um den Überhandknoten, den Kreuzknoten, den Webeleinstek, die Schleife, den einfachen Fischerknoten, den Liebesknoten und den Henkersknoten handelt.

In Skandinavien war es vielerorts Brauch, nach abgeschlossener Familienplanung dem Letztgeborenen den Namen Knut (= Knoten) zu geben.

Auch bei Warzen wurden in ein Seil geknüpfte Knoten eingesetzt. Im Anschluss daran wurde das Seil weggeworfen. Wer es danach berührte, auf den – so glaubte man – würde die Warze übergehen.

Auch in der Heraldik war der Knoten ein wichtiges Motiv: Der Sachsenhäuptling Hereward der Wache (ca. 1035–1072), der sich 1071 gegen Wilhelm den Eroberer auflehnte, trug den Kreuzknoten in seinem Wappen, der auch als Wachenknoten bekannt ist.

Der Liebesknoten hingegen taucht lediglich in der englischen Literatur nach 1495 auf. Konkrete Anhaltspunkte für seine magische Verwendung sind nicht zu finden. Einigen Knoten, deren Parten parallel laufen, wurde dieser Name nachträglich zugedacht.

Ursprung

Wer all diese Knoten erdacht und erfunden hat, lässt sich nicht zurückverfolgen. Einige von ihnen werden spontan oder zufällig entstanden und später optimiert worden sein. Verbreitet haben sie sich vermutlich in erster Linie durch reisende Kaufleute und Soldaten. Eine sichere Rückführung eines Knotens durch die Jahrhunderte hindurch bis zu seinem Schöpfer und dem Moment seiner Entstehung wie auch zum Zeitpunkt seiner ersten Verwendung ist jedoch sicherlich aussichtslos.

Material

Die Ursprünge der Seilherstellung reichen bis in die Steinzeit zurück. Europäische Jäger und Sammler fertigten bereits vor 10 000 Jahren Seile aus Flachs. In den Hochkulturen des Alten Ägyptens und Persiens wurde dafür zusätzlich noch Papyrus verwendet. Sogar Orang-Utans wurden beobachtet, wie sie in Gefangenschaft eine Art Seil aus Lagerstroh herstellten.

Das Seil hat die Möglichkeiten und den Handlungsspielraum des Menschen erheblich erweitert. Es hat ihn z. B. befähigt, in tiefe Höhlen hinabzusteigen und unterirdisch nach Bodenschätzen zu suchen wie auch über unwegsames Gelände zu ziehen oder wilde Tiere zu fangen und zu zähmen. Es befähigte ihn, die Ozeane überqueren, um andere Länder und Kontinente zu erobern, zu besiedeln und um Handel zu treiben. Ohne das Seil und seinen spezifischen Einsatz wäre die Errichtung der Pyramiden wie auch der mittelalterlichen Bauwerke oder der gotischen Kathedralen nicht möglich gewesen.

Tauwerk aus Pflanzenfasern

Bis ins 20. Jahrhundert hinein wurden Taue aus pflanzlichen Materialien, z. B. aus Flachs, Jute, Sisal, Hanf, Baumwolle, Kokosfasern, Dattelpalmen und Schilfrohr, hergestellt. Auch Materialien tierischen Ursprungs wie Pferde- oder Kamelhaar sowie Wolle und Seide, gelegentlich auch Menschenhaar, dienten als Ausgangsstoffe. Die Fasern werden in Rechtsdrehung zu langen Garnen gesponnen und dann

Tauwerk aus Naturfaser

Eine linksgeschlagene Trosse wird aus drei rechtsgeschlagenen Kabeltauen hergestellt. Diese bestehen jeweils aus drei linksgeschlagenen Kardeelen, die rechtsherum aus gesponnenem Pflanzenfaser-Garn zusammengedreht werden.

in Linksdrehung zu sogenannten Kardeelen zusammengefügt. Diese werden jeweils dreifach zu Trossen geschlagen. Mit der Entwicklung von geeigneten synthetischen Materialien wurden Seile aus Pflanzenfasern weitgehend zurückgedrängt. Synthetische Materialien sind weniger anfällig für Schimmelbefall, Verrottung und Schädlinge. Seile und Taue aus Pflanzenmaterial quellen bei Feuchtigkeit auf, wodurch die geknüpften Knoten nur schwer lösbar werden. Bei Kälte werden sie sehr fest und infolgedessen brüchig. Sie liegen hart in der Hand und lassen sich nur mühsam bedienen und verknoten, bzw. lockern oder lösen.

Mittlerweile sind Taue und Seile aus Pflanzenmaterialien nur noch in Spezialgeschäften und zu einem

Synthetisches Tauwerk

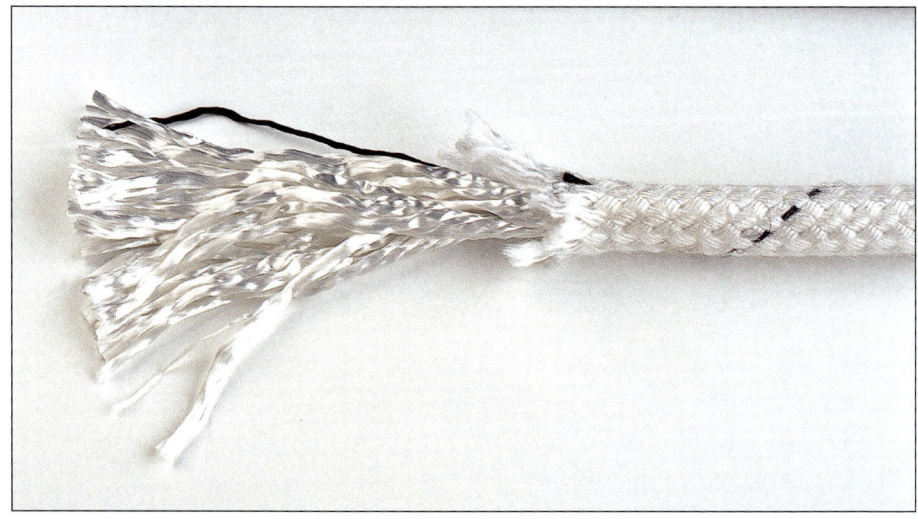

Eine aufgedröselte Polyester-Leine mit einem Durchmesser von 14 mm. Der 16-fach geflochtene Mantel umschließt einen Kern (auch „Seele" genannt) aus reißfesten Polyesterfasern.

Ein Knoten aus Naturfaser-Tauwerk

Naturfaser-Tauwerk variiert in der Farbigkeit zwischen Beige und Braun.

vergleichsweise hohen Preis erhältlich. Sie werden heute vorwiegend zur Ausstattung von Filmen, historischen Holzschiffen oder zu Dekorationszwecken in Kneipen oder Restaurants mit Seefahrerflair verwendet – immer dann, wenn es dadrum geht, die alten Zeiten der Seefahrt mit einer nostalgischen Romantik heraufzubeschwören. Dennoch bevorzugen einige Hobbyseefahrer noch immer Materialien natürlichen Ursprungs aus Gründen der Nachhaltigkeit.

Seile aus Sisal werden immer noch gerne im Haushalt zu verschiedenen Zwecken verwendet und auch Hanf ist aufgrund seiner angenehmen Geschmeidigkeit nach wie vor ein gängiges Material zur Herstellung

von Seilen, beispielsweise im Turnunterricht in der Schule. Bootsfender werden gelegentlich noch aus Kokosfaser hergestellt und Stahltauwerk wird mit gedrilltem, geteertem Hanfgarn betakelt (d. h. durch Umwickeln vor dem Aufdröseln geschützt).

Auch im Hinblick auf die lieferbaren Längen hat synthetisches Tauwerk einen entscheidenden Vorteil: Tauwerk aus Pflanzenfasern konnte früher aufgrund der begrenzten Länge der Seilerbahn nur in einer bestimmten Länge produziert werden und musste zusammengespleißt werden. Dadurch entstanden Sollbruchstellen, die ein Sicherheitsrisiko beinhalten konnten. Synthetisches Tauwerk

kann jedoch in jeder beliebigen Länge hergestellt werden.

Synthetisches Tauwerk

Materialien zur Herstellung von synthetischem Tauwerk sind seit den 30er-Jahren des 20. Jahrhunderts verfügbar. Es besteht meist aus Büscheln feiner Endlosfasern, die entweder einfaserig (mit einem Durchmesser von mehr als 50 Mikrometern) oder mehrfaserig (mit einem Durchmesser von weniger als 50 Mikrometern) hergestellt und zusammengefügt werden. Synthetisches Tauwerk wird ebenso aus kurzen Faserstücken (von 2 cm bis zu 2 Metern Länge) produziert. Hierbei werden die einzelnen Stränge aus zerkleinerten Faser-

Sisalfasern sind zwar rau und haarig, jedoch liegen sie weich in der Hand.

oder Folienstücken zusammengefügt.

Die bunten Schnurknäuel, wie man sie häufig in Baumärkten findet, werden meistens auf diese Weise hergestellt, ebenso synthetische Schnüre und Bindegarn für den Garten- und Landschaftsbau sowie für den landwirtschaftlichen Bedarf.

Synthetisch hergestelltes Tauwerk hat im Vergleich zu Tauwerk aus Naturfasern einige Vorteile: Es ist für größere Lasten geeignet, hat ein geringeres Gewicht und bietet eine längere Lebensdauer. Eine dreikardeelige Leine aus Nylon ist doppelt belastbar, hat aber nur das halbe Gewicht und kann vier bis fünfmal länger eingesetzt werden als eine Manilaleine. Synthetik-Tauwerk hat außerdem eine höhere Bruch- und Reißfestigkeit. Es ist

Tauwerk aus pflanzlichen Materialien ist aufgrund der Seilerbahnen in der Länge begrenzt.

weniger anfällig für Verschleiß und Verrottung. Ein Nachteil liegt jedoch in seiner Wärmeempfindlichkeit. Durch Reibungswärme kann es sehr weich werden oder sogar schmelzen und infolgedessen reißen.

Die ersten synthetischen Taue wurden aus Polyamid (Nylon) hergestellt, das aufgrund seiner hohen Stabilität auch heute noch am häufigsten als Ausgangsmaterial dient. Nylon wird als Polyamid 6 (erstmals hergestellt von der I. G. Farben) und Polyamid 66 (erstmals hergestellt von Du Pont) produziert, wobei Letzteres sich durch eine größere Härte und Abreibfestigkeit auszeichnet. Weitere Ausgangsmaterialien sind Polyester (Terylen und Dacron), Polypropylen und Polyäthylen. Terylen ist ein britisches Erzeugnis, das auf die Forschung der *Calico Printers' Association* zurückgeht. Besonders kostspielig sind die sogenannten „Wunderfasern", die unter den Handelsnamen Kevlar, Dyneema oder Spectra erhältlich sind.

Synthetisches Tau-
werk hat eine glat-
tere Oberfläche und
ist wesentlich be-
lastbarer.

Synthetische Materialien

„Wunderfasern"

Kevlar wurde bereits 1965 von der Fir-
ma Du Pont entwickelt. Es handelt sich
um ein organisches Polymer von besonderer Stabilität. Es ist unempfind-
lich gegen Feuchtigkeit, Säuren, Laugen und Verrottungsprozesse.

Dyneema oder Spectra sind Pro-
dukte aus superleichtem Polyäthylen
mit außerordentlicher Zugfestigkeit.
Zwar sind sie erst seit 1985 auf dem
Markt, jedoch könnten sie Kevlar ver-
drängen.

Die Wunderfasern sind sehr teuer,
was Bergsteiger und Hochsee-Regat-
tasegler jedoch kaum abschreckt, da
hier ganz klar die Sicherheit im Vordergrund steht. Für die Verwendung
im Alltag und zum Üben der Knotentechnik sind diese Materialien allerdings ungeeignet.

Polyamid (Nylon)

Polyamid ist ein besonders starkes
synthetisches Material. Im Vergleich
zu Polyester ist es kostengünstiger.
Seine Elastizität beträgt 10–15 %. Gut
geeignet ist es für Schlepptrossen,
Festmacher und für die Anforderungen beim Bergsteigen. Nylon ist nicht
schwimmfähig und kann daher auch
für Ankerleinen verwendet werden.
Meistens sind Nylonleinen in weißer
Farbe erhältlich, da Zusätze zum Fär-
ben die Festigkeit vermindern und die
Leinen verteuern. Der Schmelzpunkt
liegt bei 260 °C, weshalb das Risiko
des Schmelzens durch Reibungshitze

gering ist. Jedoch nimmt die Stabilität
bereits bei geringerer Reibungswärme
deutlich ab. Weitere Vorzüge liegen in
der hohen Beständigkeit gegen UV-
Strahlung, Abrieb, basische Substanzen und in verminderter Form ebenso
gegen Säuren und organische Lösungsmittel sowie Öl. Polyamid-Tauwerk wird
gerne auf Hochseeschleppern und Bohr-
türmen eingesetzt und ist ebenso für den
alltäglichen Gebrauch bestens geeignet.

Polyester (Terylen, Dacron)

Tauwerk aus Polyester ist kaum elastisch. Seine verbleibende Elastizität
wird durch Vorrecken während der Herstellung weitgehend beseitigt. Es ist
immer dann gut geeignet, wenn wenig
Reck und eine hohe Bruchfestigkeit erforderlich ist, also für stehendes Gut
(Tauwerk, das nicht bewegt wird), Fallen
und Schoten. Ähnlich wie Nylon ist Polyester nicht schwimmfähig, jedoch
wesentlich haltbarer und unempfindli-
cher gegen Sonneneinstrahlung.

Polyäthylen (Polythen)

Tauwerk aus Polyäthylen ist preisgüns-
tig, kaum elastisch und von hoher Wi-
derstandsfähigkeit. Es ist sehr haltbar,
hat jedoch einen verhältnismäßig niedrigen Schmelzpunkt (zwischen 50 und
90 °C). Polyäthylen-Tauwerk wird vorwiegend in der Fischerei eingesetzt und
ist in Baumärkten und in größeren Ballen erhältlich. Zum Knoten ist es nicht
zu empfehlen, da es sehr steif ist und
sich nur schwer biegen lässt.

Polypropylen

Das vielseitigste aller Kunstfaser-Tau-
werke wird in größeren Mengen hergestellt und ist preiswert in Baumärkten
und im Eisenwarenhandel erhältlich. Es
ist gut geeignet für alle Einsatzbereiche
ohne großen Risikofaktor. Im Vergleich
zu Nylon hat es eine wesentlich geringere Bruchfestigkeit und ist aufgrund
seines niedrigen Schmelzpunktes
(150 °C) nicht für Zwecke geeignet, bei
denen eine hohe Reibungswärme entsteht. Polypropylen hat jedoch ein ge-
ringes Gewicht und ist schwimmfähig.
Daher ist es als Ausgangsmaterial zur
Herstellung von Sicherheitsleinen an
Schwimmringen und Rettungswesten
sowie von Zugleinen für den Wasser-
ski-Sport ausgezeichnet geeignet. Ferner sind Leinen aus Polypropylen ver-
rottungsfest und beständig gegen eine
Beschädigung durch Laugen, Säuren
und Öl. Jedoch sind sie nicht resistent
gegen Substanzen und verschiedene
chemische Lösungsmittel. Besonders
billige und qualitativ minderwertige Leinen werden brüchig durch die Einwirkung von Sonneneinstrahlung. Auch
braun eingefärbte Polypropylen-Leinen
sind im Handel erhältlich. Sie sehen den
traditionellen Hanfleinen sehr ähnlich
und können auf den ersten Blick durchaus mit diesen verwechselt werden. Für
Liebhaber von traditionellem Tauwerk
sind sie eine günstige Alternative.

Tauwerksarten

Fasern aus Naturmaterialien müssen gesponnen und verdrillt werden, um daraus lange Garne für Tauwerk herzustellen. Dadurch entstehen das charakteristische haarige Aussehen und die griffige Oberfläche, die den synthetischen Endlos-Fasern fehlt. Synthetisches Tauwerk hat eine glatte Oberfläche, es sei denn, die Fasern wurden absichtlich zerkleinert, um die Griffigkeit und das Aussehen von Naturtauwerk zu imitieren. Mit der Anzahl an Fäden oder Garnen steigen Dicke und Bruchfestigkeit eines Taus. Eine Leine mit doppeltem Durchmesser hat bei gleichem Material die vierfache Bruchfestigkeit, da sich die Querschnittsfläche vervierfacht hat.

Geschlagenes Tauwerk

Die Kardeele einer Leine werden durch den gegenläufigen Drall, der bei der Herstellung entsteht, zusammengehalten. Dadurch erhält die Leine ihre Gleichförmigkeit, Festigkeit und Geschmeidigkeit. Die Spannung bei der Herstellung bestimmt den Grad der Geschmeidigkeit des Ergebnisses. Durch eine große Spannung wird eine Leine hart und steif, unter Einsatz einer geringen Spannung entsteht eine weiche Leine mit hoher Flexibilität. Stärker gedrilltes oder auch härter geschlagenes Tauwerk ist zwar strapazierfähiger, jedoch ist weicheres zum Knoten besser geeignet. Ein Tau, das aus drei Kardeelen besteht, wird als Kabeltau bezeichnet. Drei Kabeltaue (links herum geschlagen) bilden eine neunkardeelige Trosse (Trossenschlag). Textilhandwerker und Weber bevorzugen die Ausdrücke S-Schlag (linksherum geschlagen) und Z-Schlag (rechtsherum geschlagen). Vierkardeeliges Tauwerk ist relativ selten und wird mit einer Seele ausgefüllt.

Geflochtenes Tauwerk

Man findet selten geflochtenes Tauwerk aus Naturfasern – allenfalls Flaggleinen mit geringem Durchmesser. Groß ist hierbei die Auswahl an Leinen aus synthetischem Material. Sie werden 8- oder 16-fach geflochten. Geflochtenes Tauwerk reckt sich weniger als geschlagenes und hat unter Last eine geringere Neigung zum Verdrehen.

Stärke und Geschmeidigkeit sind abhängig von der Beschaffenheit der Seele im Innern des Taus; Griffigkeit, Abriebbeständigkeit, UV- und Chemikalienbeständigkeit werden bestimmt durch die Beschaffenheit des Mantels. Dieser kann geflochten oder geschlagen sein, aber auch aus linearen Fasern bestehen. Besonders stabil ist eine geflochtene Seele in einem geflochtenen Mantel. Geflochtene Synthetikleinen sind außerordentlich vielseitig einsetzbar.

Kern-Mantel-Tauwerk

Kletterseile für Bergsteiger bilden eine besondere Tauwerksklasse, die oft als Kern-Mantel-Tauwerk bezeichnet wird. Man unterscheidet hierbei zwischen dynamischen und statischen Leinen. Statische Leinen sind für das Gewicht des Kletterers und seiner Ausrüstung berechnet und für geringere Belastungen beim normalen Klettern gedacht. Dynamische Leinen sind von besonderer Elastizität und Festigkeit zum Abfangen von schweren Stürzen und Drehungen. Da beim Abseilen und Sichern eine hohe Reibungswärme entstehen kann, sollten Kletterseile hohe Temperaturen aushalten können. Je nach Anforderungen sollten Kletterseile nach den Vorgaben der *UIAA (Union Internationale des Associations d'Alpinisme)* ausgewählt werden.

Bezeichnungen der unten dargestellten Tauwerksarten

1 Achtkardeelige Ankertrosse, 16 mm, Nylon, geflochten

2 Dreikardeelige Nylonleine, 14 mm, geschlagen

3 Dreikardeelige Polyesterleine, 14 mm, geschlagen

4 Dreikardeelige Polyesterleine, 14 mm, gedrillt und geschlagen (als Nachahmung von Naturfaser)

5 Dreikardeelige monofile Polypropylenleine, 14 mm, geschlagen

6 Dreikardeelige Polyesterleine, 14 mm, aus geschnittenen Fasern gedrillt und geschlagen

7 Polyesterleine, 14 mm, bestehend aus drei konzentrischen Lagen, 16-fach doppelt geflochten; Seele mit 16-facher Flechtung, umschlossen von einer 8-fachen Flechtung

8 Polyesterleine, 16 mm, 16-fach geflochten, mit einer zweifach geflochtenen Seele

9 Polyesterleine, 16 mm, 16-fach geflochten und vorgereckt, mit 8-fach geflochtener Seele

10 Dyneema-Leine, 12 mm, 16-fach geflochten, mit 2-fach geflochtener Seele

11 Dyneema-Leine, 10 mm, 16-fach geflochten, mit 2-fach geflochtener Seele

12 Polypropylenleine, 9 mm, 16-fach geflochten, mit 8-fach stramm geflochtener Seele

13 Polyesterleine, 6 mm, 16-fach geflochten, Seele aus vier dreikardeelig geschlagenen Strängen (Kern-Mantel-Tauwerk)

14 Polyesterleine, 10 mm, 8-fach geflochten, mit 8-fach geflochtener Seele

15 Multifile Polypropylenleine, 8 mm, 8-fach geflochten, mit 8-fach geflochtener Seele

16 Polyesterleine, 6 mm, 8-fach geflochten und vorgereckt, mit Seele aus drei dreikardeelig geschlagenen Strängen (Kern-Mantel-Tauwerk)

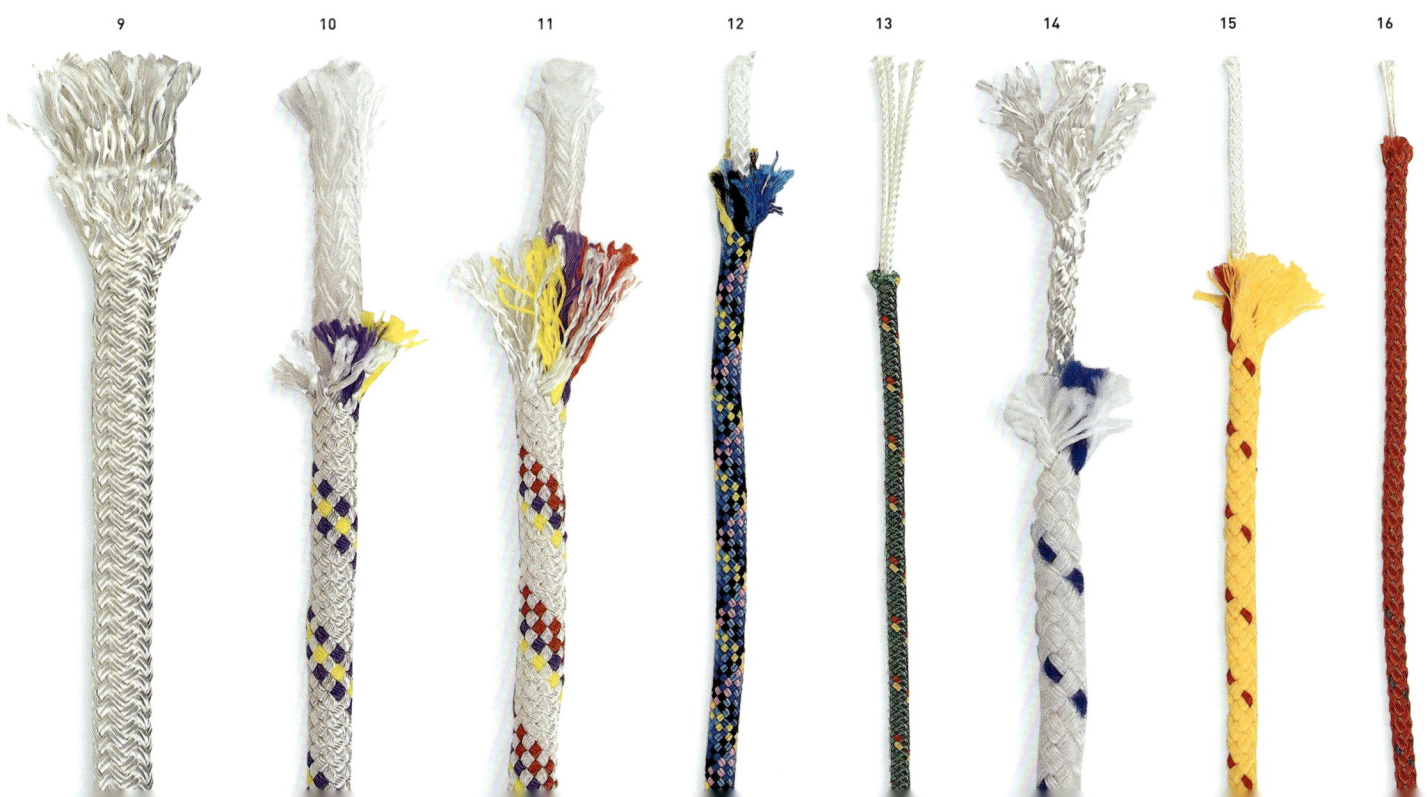

9   10   11   12   13   14   15   16

Bruchfestigkeit

Seile und Tauwerk hinsichtlich ihrer Bruchfestigkeit zu vergleichen, ist nicht ganz einfach, da die verschiedenen Hersteller auf uneinheitliche Weise zu ihren Testergebnissen gelangen. Broschüren und Prospekte von Seilereien enthalten Tabellen, deren Daten von Hersteller zu Hersteller stark unterschiedlich sein können.

Die folgende Tabelle bietet eine Übersicht über die verschiedenen Arten von Tauwerken hinsichtlich ihrer Bruchfestigkeit.

Die minimale Bruchfestigkeit einer Nylonleine mit einem Durchmesser von 4 mm, dreikardeelig geschlagen oder 8-fach geflochten, liegt bei ca. 320 kg. Eine gewöhnliche dreikardeelige Polyesterleine mit demselben Durchmesser hat eine Bruchfestigkeit von ca. 295 kg, bei einer 8-fach geflochtenen, vorgereckten liegt der Wert bei ca. 450 kg.

Eine Polypropylenleine mit demselben Durchmesser liegt bei 140, 250 und 430 kg. Bei Polyäthylen beträgt dieser Wert rund 185 kg. Bei Dyneema-, Admiral 2000- oder Spectra-Leinen liegt die Bruchfestigkeit bei 650 kg. Naturfaser-Tauwerke müssen beachtlich viel dicker sein, um diese Stabilität zu erlangen: eine Manilaleine um 25 % (5 mm), eine Sisalleine um 33,3 % (6 mm).

Stärkeres Tauwerk

Eine dreikardeelige Nylonleine mit einem Durchmesser von 10 mm hat eine Bruchfestigkeit von 2400 kg, was dem Gewicht eines größeren Pkws entspricht. Polyester ist mit 2120 kg belastbar, Polypropylen mit 1382 kg und Polyäthylen mit 1090 kg. Bei Dyneema/Admiral 2000/Spectra beträgt die Bruchfestigkeit 4000 kg. Manila oder Sisal ist bei diesem Durchmesser nur mit maximal 710 kg und 635 kg belastbar.

Bei 24-mm-Trossen liegt die Bruchfestigkeit von Nylon bei 13 t, von Polyester bei 10 t, von Polypropylen bei 8 t, von Polyäthylen bei 6 t und von Dyneema/Admiral 2000/Spectra bei 20 t. Manila braucht ungefähr den doppelten Durchmesser, um diese Werte zu erreichen.

Tauwerk aus Naturfaser ist im Vergleich zu synthetischem Tauwerk weniger halt- und belastbar.

Naturfaser- und Synthetik-Tauwerk im Vergleich

	NATURFASERN				SYNTHETISCHE FASERN			
	Sisal	Baumwolle	Hanf	Manila	Polyäthylen	Polypropylen	Polyester	Polyamid
Ruckbelastung	●	●	●●●	●●	●	●●●	●●	●●●●
Handhabung	●	●●●●	●●●	●●	●●●	●●●	●●●●	●●●●
Lebensdauer	●	●●	●●●●	●●●	●●	●●●	●●●●	●●●●
Beständigkeit gegen Verrottung	●	●	●	●	●●●●	●●●●	●●●●	●●●●
UV-Beständigkeit	●●●●	●●●●	●●●●	●●●●	●●●	●	●●●●	●●
Säurebeständigkeit	●	●	●	●	●●●●	●●●●	●●●●	●●●
Laugenbeständigkeit	●●	●●	●●	●●	●●●●	●●●●	●●●●	●●●●
Reibungsbeständigkeit	●●	●●	●●●	●●●	●●	●●	●●●●	●●●●
Lagerung	trocken	trocken	trocken	trocken	nass/trocken	nass/trocken	nass/trocken	nass/trocken
Schwimmfähigkeit	sinkt	sinkt	sinkt	sinkt	schwimmt gerade	schwimmt	sinkt	sinkt
Schmelzpunkt*	–	–	–	–	120 – 135 °C	155 – 190 °C	230 – 260 °C	235 – 260 °C

● schlecht ●● ausreichend ●●● gut ●●●● sehr gut

* Beachten Sie, dass Tauwerk schon bei einem Temperaturrückgang von 20-30 % weicher wird und an Stabilität verliert.

Zusammenfassung

Die Beurteilung der verschiedenen Materialien schließt eine normale Abnutzung wie auch Schäden durch extreme Belastung und starken Verschleiß aus. Um sicherzugehen, sollten die jeweiligen Leinen und Taue stets um $1/5$ bis $1/7$ stärker gewählt werden.

Zum Arbeiten mit der Knotentechnik ist eine genaue Kenntnis der chemisch-physikalischen Details sowie der technischen Spezifikationen nicht notwendig. Höhlenforscher, Bergsteiger, Flieger, Seeleute und alle, die sich vorhersehbaren Risiken aussetzen, sollten sich über die technischen Daten genau informieren. Für den einfachen Gebrauch sind Grundkenntnisse über Material und Benutzung ausreichend.

Tauwerk aus synthetischem Material ist widerstandsfähiger und hat eine höhere Bruchfestigkeit als Naturfaser-Tauwerk.

Behandlung und Pflege

Tauwerk und Leinen sollten nicht unnötig in der Sonne liegen. Auch der Kontakt mit Chemikalien (z.B. ausgelaufenen Batterien) sollte vermieden werden. Grundsätzlich sollte man nicht mit den Füßen auf ihnen herumtreten oder sie aus einer großen Höhe zu Boden fallen lassen. Synthetikfasern sind wärme- und hitzeempfindlich und müssen vor zu hoher Reibungswärme sowie Funkenflug oder Feuer geschützt werden. In nassem Zustand sollte Tauwerk nicht dem Frost ausgesetzt werden. Lagern Sie Tauwerk stets dunkel, kühl und trocken. Die Luftfeuchtigkeit sollte bei 40–60%, die Temperatur bei 10–20 °C liegen. Schmutz kann mit lauwarmem Wasser entfernt werden. Danach ist es notwendig, das Tauwerk sorgfältig

Ein alpiner Bunsch: Bergsteiger bevorzugen diesen Aufschluss, der auch für den Transport eines Seils geeignet ist.

Ein als „Bunsch" aufgeschlossenes Seil: hier umwickelt und mit einem Kreuzknoten gesichert. So kann es verstaut werden, ohne dass es vor neuem Gebrauch entwirrt werden muss.

trocknen zu lassen. Spülen Sie Ihre Seile und Taue gegen Ende der Segelsaison gründlich mit Süßwasser aus. Eine normale Abnutzung durch intensiven Gebrauch ist völlig normal. Selbst eingelagertes Tauwerk altert und wird mit der Zeit weniger belastbar.

Regelmäßige Inspektion

Überprüfen Sie den Zustand Ihrer Seile und Taue von Zeit zu Zeit bei gutem Licht auf Abnutzung oder eventuelle Schäden. Ein leichter Flaum auf der Oberfläche ist unvermeidbar, jedoch unbedenklich und kann sogar vor weiterer Abnutzung schützen.

Chemische Einwirkungen sind an Verfärbungen und Erweichungen zu erkennen. Hitzeschäden sind nicht immer klar auszumachen.

Ein achtförmiger Bunsch: Im Handel wird diese Aufschlussform bevorzugt. Die dabei entstehende Schlaufe ist gut zum Aufhängen geeignet.

können deformiert sein und spitze Winkel und Windungen aufweisen. Bei Kern-Mantel-Tauwerk besteht die Gefahr, dass sich Kern und Mantel voneinander lösen. Schadhaftes Bergsteigerseil und Hebetauwerk muss unbedingt rechtzeitig ausgetauscht werden. Am besten wird über seinen Werdegang von Anfang an Buch geführt. Tauwerk und Leinen im öffentlichen Einsatz sollten nach zwei Jahren, im privaten Bereich nach vier bis fünf Jahren ersetzt werden. Man sagt, dass eigensinnige Leinen, die schwer zu handhaben sind, stabil und kräftig sind, während man weichem und fügsamem Tauwerk misstrauen sollte. Diese Einschätzung hat durchaus ihre Berechtigung. Ausgemustertes Tauwerk ist als Übungsmaterial für die Knotentechnik gut geeignet.

Gelegentlich wird Tauwerk dadurch gläsern oder es sieht geschmolzen aus. Zur Überprüfung von geschlagenem Tauwerk können die Kardeele vorsichtig aufgedreht und untersucht werden. Bei geflochtenem Tauwerk sind eventuelle Schäden im Innern nur schwer festzustellen. Unter einem unversehrten Mantel kann sich eine beschädigte Seele verbergen.

Man muss bei der Beurteilung von geflochtenem Tauwerk also stets die bisherige Verwendung berücksichtigen. Abnutzungserscheinungen sind jedoch auch hier klar zu erkennen. Es ist stellenweise ausgedünnt und hat einen geringeren Durchmesser; einzelne Fasern

Ein Feuerwehr-Bunsch: eine elegante und einfache Weise, ein Seil zum Aufhängen vorzubereiten.

Werkzeuge

Tauwerk wird am besten mit einem scharfen Messer geschnitten. Mit der Schere lassen sich nur feine Leinen und Garne schneiden. Zum Knoten selbst sind meist die Finger ausreichend. Gelegentlich ist ein spitzer Gegenstand zur Unterstützung hilfreich. Für einige wenige Knoten ist jedoch besonderes Werkzeug erforderlich.

Marlspieker

Um Knoten zu öffnen oder zu lösen, wird ein Marlspieker benutzt. Es handelt sich um einen Dorn mit Knauf am Ende. Früher wurden sie aus Hartholz, in neuerer Zeit aus Metall hergestellt. Sie sind je nach Stärke des Tauwerks in verschiedenen Größen erhältlich. Gelegentlich findet man antike Marlspieker im Antiquitätenhandel oder auf Trödelmärkten.

Schwedische Marlspieker

Ebenfalls zum Öffnen und Lösen von Knoten. Die zu verarbeitenden Kardeele können in die Hohlkehle gelegt werden. Auch sie sind in verschiedenen Größen erhältlich, die der jeweiligen Arbeit entsprechend ausgewählt werden sollten.

Netzspindeln

Zur Verarbeitung von dünnem Material werden Netzspindeln verwendet. Das Garn wird aufgewickelt und ist gebrauchsfertig zur Hand. Netzspindeln sind in verschiedenen Längen erhältlich, von 11,5 bis 30 cm und mehr. Zur guten Handhabung sollten sie eine glatte Oberfläche haben.

Rundzangen

Nützlich zum Festziehen von vielen sich kreuzenden Knoten. Es ist sinnvoll, Zangen in verschiedenen Größen verfügbar zu haben. In kleiner Ausführung werden sie auch Uhrmacherzangen genannt. Aufgrund der runden Backen kann das Tauwerk beim Arbeiten nicht beschädigt werden.

Drahtschlingen

Sie sind aus festem, federndem Draht ganz leicht selbst herzustellen. Für Arbeiten mit dünnen Leinen sind sie unentbehrlich.

Komplizierte Knoten sind mit dem passenden Werkzeug leichter auszuführen.

Das Werkzeug

1 Netzspindel, groß

2 Netzspindel, mittel

3 Netzspindel, klein

4 Marlspieker, groß

5 Marlspieker, klein

6 Schwedischer Marlspieker, hohl (klein)

7 Schwedischer Marlspieker, hohl (groß)

8 Drahtschlinge (groß)

9 Drahtschlinge (klein)

10 Drahtschlinge (mittel)

11 Uhrmacherzange

12 Rundzange

Schneiden und Sichern

Abbinden und Abkleben

Naturtauwerk muss vor dem Schneiden durch Abbinden oder Abkleben gesichert werden, um ein Aufdrehen zu verhindern. Klebeband ist nicht als endgültige Sicherung geeignet, ist beim Einkürzen von Tauwerk jedoch eine Arbeitserleichterung. Alternativ kann die Stelle, an der geschnitten werden soll, auch mit Würgesteks abgebunden werden.

Versiegeln durch Schmelzen

Meistens werden Tau- und Seilenden durch Schmelzen gesichert. Im Handel ist dafür ein spezielles Gerät erhältlich, das gleichzeitig schneidet und versiegelt. Dünnere Leinen lassen sich alternativ auch mit der Flamme eines Feuerzeugs abschmelzen. Größere Durchmesser können mit der rot glühend erhitzten Klinge eines Taschenmessers durchtrennt werden, die gegebenenfalls mehrmals mit einer Lötlampe auf Temperatur gebracht werden muss. Nylon kann beim Erhitzen eine kleine Flamme bilden. Es schmilzt leicht, tropft und entwickelt beim Brennen weißen Qualm und einen Geruch nach Fisch oder Sellerie. Polyester verbrennt mit schwarzem Rauch. Die dabei entstehenden Dämpfe riechen leicht nach Pilzen. Polypropylen und Polyäthylen sind besonders hitzeempfindlich und beginnen schon zu schrumpfen, bevor sie überhaupt mit der Wärmequelle in direkte Berührung kommen. Die erhitzten Enden können mit den Fingern

Sichern durch Abbinden

1 Die Stelle, an der geschnitten werden soll, mit zwei Würgesteks sichern.

2 Zwischen den beiden Knoten schneiden.

Sichern durch Abkleben

1 Die Leine an der entsprechenden Stelle mit Klebeband umwickeln.

2 Den Schnitt in der Mitte des Klebebands ausführen.

Versiegeln durch Schmelzen 1

Mit einem elektrischen Schneidegerät oder einem Messer mit erhitzter Klinge können dünne Leinen gleichzeitig geschnitten und versiegelt werden.

Versiegeln durch Schmelzen 2

Mit der Flamme eines Feuerzeugs oder eines Streichholzes können Seilenden rasch gesichert werden, jedoch entstehen dabei Klumpen.

zusammengedrückt werden. Zur Vermeidung von Brandblasen ist es sinnvoll, die Finger davor etwas anzufeuchten. Die Enden von Leinen aus Rayon (Zellstoff) können nicht durch Abschmelzen versiegelt

werden. Sie beginnen lediglich zu glühen und verkohlen, wenn sie erhitzt werden. Verwenden Sie hierfür besser einen Takling, wie auf den Seiten 41–45 beschrieben.

Begriffe und Techniken

Das Ende des Seils, mit dem aktiv gearbeitet wird, heißt **Arbeitsende** oder **laufende** bzw. **lose Part**. Das passive Ende des Seils wird **stehende** oder **feste Part** genannt.

Wenn beide Parten einer Leine nebeneinander gelegt werden, entsteht eine **Bucht**. Kreuzt man die beiden Parten, entsteht ein **Auge**. Wird das Auge verdreht, entsteht ein **Ellbogen**. Verdreht man die Enden einer Leine, so dass sich eine Spannung aufbaut, spricht man von **Verdrillen**. Ein zu enges und dichtes Auge, das die Leine deformiert und beschädigt, heißt **Kinken**.

Um die Mitte einer Leine zu finden, legt man beide Enden auf die gleiche Länge. Diesen Vorgang nennt man **Mitteln**.

Die Enden einer Leine oder auch ein kürzeres Taustück werden **Tampen** genannt.

Die genaue Bezeichnung der Leinen ist abhängig von ihrem Durchmesser: Bei mehr als 10 mm spricht man von **Tau**, bei mehr als 25 mm von **Trosse**. Dünnere Materialien werden je nach Verwendung **Schnur**, **Bändsel** oder **Garn** genannt. Als Überbegriffe sind **Tauwerk** oder **Gut** gebräuchlich. Von **Leinen** spricht man bei Tauwerk mit einer bestimmten Anwendung: z. B. Schleppleinen, Ankerleinen, Lifeleinen oder Wurfleinen. Eine Hilfsleine wird zum Anholen von schweren Tauen verwendet. Ferner gehören auch Fallen, Schoten, Niederholer und Strecker zu den Leinen. Mit ihnen werden die Segel an Bord eines Segelbootes oder -schiffes befestigt und bedient. Eine Leine, die an Land eingesetzt wird, ist das Lasso.

Legt man das Arbeitsende einer Leine einmal über einen Gegenstand, spricht man von **Törn**; wird das laufende Ende einmal um den Gegenstand herumgewickelt, heißt das **Rundtörn**.

Die Mitte des Knotens, wo die Parten zusammenkommen, nennt man **Knick**. Sichert man einen Knoten mit Durchstecken des Arbeitsendes, bezeichnet man das als **Verschluss**.

Überhand- und Unterhandauge: Wenn man das Arbeitsende über das stehende Ende legt entsteht ein

1 Ein Weberleinstek wird mit der laufenden Part an einem Gegenstand befestigt.

2 Wird der Weberleinstek vom Gegenstand abgenommen, fällt er von ganz alleine auseinander ...

3 ... und löst sich auf.

4 Um ihn erneut auszuführen, legt man zunächst ein Überhandauge ...

5 ... und daneben ein Unterhandauge.

6 Nun werden die beiden Augen übereinandergelegt und der Weberleinstek kann über den Gegenstand geschoben werden.

Überhandauge; liegt es unter dem stehenden Ende, spricht man dagegen vom **Unterhandauge**.

Die Knotentechnik

Viele Knoten können auf unterschiedliche Weise angefertigt werden. Die jeweils gewählte Vorgehensweise dient dem Zweck, die einzelnen Arbeitsschritte möglichst anschaulich und leicht verständlich darzustellen. Es mag schneller gehen, sich von erfahrenen Knotenknüpfern zeigen zu lassen, wie die einzelnen Knoten angefertigt werden müssen. Den meisten Knoten kommt man jedoch auch auf die Spur, wenn man Schritt für Schritt versucht, sie selbständig nachzuarbeiten. Soll ein Knoten zuverlässig im Haushalt oder in der Freizeit eingesetzt werden, sollte er unbedingt gut festgezogen werden. Man spricht dabei auch von „dichtholen". Achten Sie beim Dichtholen darauf, dass alle Parten locker und gerade liegen und nicht verdrillt sind. Ziehen Sie den Knoten dann behutsam Schritt für Schritt fest. Zum Üben der einzelnen Knoten sind kürzere Stücke von weichen Leinen geeignet, die gut in der Hand liegen und sich leicht biegen lassen.

Einfache Knoten und Steke

„DIE FUNKTIONSWEISE VON KNOTEN BERUHT AUF REIBUNG. EINFACHHEIT GEHT ZU LASTEN DER HALTBARKEIT."
(Brion Toss – **The Rigger's Apprentice**, 1984)

Knoten können grundsätzlich in zwei Kategorien unterteilt werden: Knoten und Steke. Mit einem Stek wird eine Leine an der Reling, an einem Pfosten, an einem Ring, an einer Spiere oder auch an einer anderen Leine befestigt. Ein Knoten hingegen verbindet eine Leine mit einer anderen oder man bildet damit am Leinenende einen Knoten mit einer bestimmten Funktion, wie z.B. einen Stopperknoten oder Henkersknoten.

Die hier vorgestellten 20 Grundknoten sind leicht zu erlernen. Man benötigt dafür lediglich zwei geschmeidige Leinen mit einer Länge von 1 bis 2 m und einem Durchmesser von 5 bis 10 mm. Die Leinenenden sollten gesichert werden, entweder mit Klebeband, durch Erhitzen oder Verknoten, am besten jedoch mit einem Takling, von dem vier verschiedene Varianten am Ende des Kapitels beschrieben werden.

Einfacher Überhandknoten

Der einfachste Knoten, um einen Faden, eine Schnur oder ein Seil in einer Öse zu befestigen. Er ist vielseitig anwendbar, z. B. als Sicherheitsknoten in einer Nadel bis hin zur vorübergehenden Aufbewahrung von Kleinteilen in einem Taschentuch, wenn gerade keine geeigneten Taschen verfügbar sind. Diesen Knoten kann jeder ganz leicht und problemlos knüpfen.

1 Legen Sie die Leine zu einer Überhandschlinge.

2 Ziehen Sie die lose Part durch die Schlinge und ziehen Sie diese fest zu.

Überhandknoten mit laufender Bucht (Slipstek)

Laufende Buchten lassen sich schnell lösen. Sie sind vielseitig verwendbar und werden oft unterschätzt. Im vorliegenden Buch werden sie häufig empfohlen.

Binden Sie ein einfaches Überhandauge, ohne die lose Part vollständig aus der Bucht zu ziehen.

Gesteckter Sackstich

Auch dieser Knoten ist ganz einfach zu binden. Damit kann ein Befestigungsknoten von größerem Durchmesser angefertigt werden. Er ist geeignet für Haushaltsschnur oder Baumwollfaden, etwa um das Taillenband einer Pyjama- oder Badehose zu fixieren. Achtung: Mit diesem Knoten sollten keine Leinen verbunden werden, deren Zug in unterschiedliche Richtungen geht.

1 Legen Sie die beiden Parten parallel.

2 Binden Sie einen Überhandknoten und ziehen Sie ihn fest.

Doppelter Überhandknoten

Damit lassen sich zwar dickere Stopperknoten als mit dem einfachen Überhandknoten anfertigen, er ist jedoch ebenso ungeeignet wie dieser, wenn eine Leine in einer Öse von größerem Durchmesser vor dem Herausrutschen gesichert werden soll. Er ist der Ausgangspunkt für viele weitere Knoten.

1 Binden Sie einen Überhandknoten und stecken Sie die lose Part erneut durch das Auge.

2 Ziehen Sie die beiden Enden in entgegengesetzte Richtungen. Hierbei bewegt sich der linke Daumen nach oben und der rechte nach unten. Die diagonale Part wird sich von alleine etwas winden. Ziehen Sie den Knoten an beiden Enden fest.

Drei- und mehrfacher Überhandknoten

Durch drei- oder mehrfaches Durchstecken erhält man einen mehrfachen Überhandknoten. Er dient zum Einkürzen eines Seils oder zur Herstellung von Gürteln, wie sie z. B. an Mönchs- oder Nonnengewändern zu finden sind – als Symbol für ihr dreifaches heiliges Gelübde.

2 Ziehen Sie an beiden Enden und drehen Sie diese hin und her, sodass der Knoten einen diagonalen Drall bekommt.

1 Formen Sie einen doppelten Überhandknoten und stecken Sie die lose Part ein drittes Mal durch die Schlinge.

3 Ziehen Sie alle Knotenteile fest zusammen.

Würgeknoten

Er besteht aus einem doppelten Überhandknoten, der um einen Gegenstand gelegt wird. Damit können Seilenden vor dem Ausfransen geschützt oder Rollen zusammengebunden werden (Teppiche, Zeichnungen, Tapeten). Außerdem ist er als Fixierungshilfe beim Basteln (z. B. beim Kleben und Leimen) gut geeignet.

1 Binden Sie einen losen doppelten Überhandknoten.

2 Stecken Sie z. B. eine Rolle mit Zeichnungen hinein.

Ein halber Schlag

Als besonders zuverlässig kann der halbe Schlag nicht betrachtet werden. Er ist nur für provisorische Anwendungen geeignet, vergleichbar mit dem Slipstek. Wie dieser lässt er sich blitzschnell lösen. Er wird gerne eingesetzt als Abschluss für andere Arbeitsknoten.

1 Knoten Sie einen Überhandknoten um einen festen Gegenstand, z. B. in einen Ring.

2 Stecken Sie die überstehende lose Part durch die Bucht.

Zwei halbe Schläge

Damit kann ein Seil an einem Ring befestigt werden. Es ist die Abfolge von zwei identischen Schlägen, bei denen die lose Part zweimal um die feste Part geführt wird.

1 Binden Sie die lose Part zu einem halben Schlag.

2 Fügen Sie einen weiteren Schlag hinzu und ziehen Sie zu.

Eineinhalb Rundtörns mit zwei halben Schlägen

Hierbei handelt es sich um einen klassischen, haltbaren Knoten. Bereits sein Name beschreibt ihn genau. Er ist gut geeignet zum Sichern eines Bootes oder einer Last.

Umgangssprachlich wird er auch „Rundtörn mit zwei halben Schlägen" genannt. Im Norden Deutschlands wird er als „Rundtörn mit zwei Halbsteken" bezeichnet.

1 Legen Sie eineinhalb Rundtörns durch den Ring und führen Sie die lose Part um die feste Part. Befestigen Sie den Knoten mit einem halben Schlag.

2 Knüpfen Sie einen weiteren halben Schlag und ziehen Sie ihn zu.

Slipstek mit halbem Schlag

Damit bespannten die Weber früher ihre Webstühle und die Eskimos ihre Bögen. Angler verwenden ihn für ihre Führungsleinen. Er ist auch geeignet als Anfang einer Paketverschnürung.

1 Knüpfen Sie über der festen Part einen Überhandknoten.

2 Formen Sie eine Bucht von gewünschter Größe. Winden Sie die lose Part um die feste Part und ziehen Sie zu.

Überhandknoten mit Auge

Wenn Sie ein Paket verschnüren möchten, ist dieser Knoten gut geeignet. Er ist jedoch nur schwer lösbar und kann oft nur durch Zerschneiden gelöst werden.

1 Legen Sie die Leine doppelt und formen Sie daraus eine Schlinge.

2 Binden Sie einen Überhandknoten und achten Sie auf eine Parallellage der Parten. Ziehen Sie die Parten abwechselnd zusammen.

Doppelter Überhandknoten mit Auge

Dieser Knoten ist etwas dicker als der vorherige und bietet somit mehr Stabilität. Er kann meist nur sehr schwer gelöst werden und muss nach Gebrauch durch Zerschneiden geöffnet werden.

1 Legen Sie eine Leine doppelt, machen Sie einen Überhandknoten und stecken Sie die Bucht nochmals hindurch.

2 Achten Sie auf einen glatten Verlauf der Leine und ziehen Sie die vier Knotenteile dann nach und nach zusammen.

Chirurgenschlinge

Gerne wird dieser Knoten, bei dem es sich um einen dreifachen Überhandknoten handelt, beim Angeln eingesetzt. Verwenden Sie dafür eine Leine aus preisgünstigem Material, die nach Gebrauch zerschnitten werden darf.

1 Legen Sie eine weite Bucht und fertigen Sie damit einen dreifachen Überhandknoten.

2 Glätten Sie die Leine und formen Sie einen weichen Knoten in Zylinderform. Angler „schmieren" den Knoten mit Spucke.

Einfache Schlinge (Slipstek)

Diese einfache gleitende Schlinge ist vielseitig einsetzbar, z. B. zum Päckchenpacken.

Legen Sie eine Bucht und binden Sie mit der losen Part einen Knoten um die feste Part.

Gerüstknoten

Eine stabiler Laufknoten, zum Einbinden von Kauschen (zum Schutz vor Durchscheuern) geeignet. Formen Sie eine Bucht auf das Maß der Kausche. Mit geübten Fingern kann man diesen Knoten in ca. 30 Sekunden binden. Der Vorteil dieses Knotens liegt darin, dass er mit steigender Belastung an Festigkeit gewinnt.

1 Formen Sie eine Bucht und knoten Sie mit der losen Part einen Überhandknoten um den festen Part.

2 Ziehen Sie die lose Part und den entsprechenden Teil der Schlinge fest.

Mehrfacher Gerüstknoten

Mit einem mehrfachen Überhandknoten kann ein mehrfacher Gerüstknoten geknüpft werden. Im Vergleich zum einfachen Gerüstknoten bietet er eine höhere Stabilität. Er hat keinen festgelegten Einsatzbereich und kann vielseitig verwendet werden.

1 Binden Sie die lose Part um die feste Part zu einem dreifachen Überhandknoten.

2 Ziehen Sie die lose Part und den entsprechenden Teil der Schlinge in entgegengesetzte Richtungen fest.

Sackstich

Er dient der schnellen Verbindung zweier Seile, ist jedoch nicht besonders haltbar und nach Belastung nur schwer zu lösen.

2 Folgen Sie dem Verlauf des ersten Knotens mit dem zweiten Seil.

1 Knüpfen Sie die losen Parten eines Seils zu einem Überhandknoten und fädeln Sie das andere Seil ein.

3 Überprüfen Sie den Seilverlauf und ziehen Sie den Knoten dann zusammen.

Fischerknoten oder Spierenstich

Der zuverlässige Fischerknoten findet vielfältig Verwendung. Aus einem Seil gebunden, lässt er sich wieder lösen. Wird er aus Schnur geknotet, muss er nach Gebrauch zerschnitten werden. Verwenden Sie in diesem Fall kein kostbares Material.

1 Legen Sie die beiden Seile parallel nebeneinander und befestigen Sie eines der Seile mit einem Überhandknoten am anderen Seil.

2 Drehen Sie Ihre Knotenarbeit um und binden Sie das andere Seil ebenfalls mit einem Überhandknoten fest.

Doppelter Fischerknoten/Spierenstich

Im Vergleich zum einfachen Spierenstich ist dieser Knoten etwas stabiler. Er wird gerne beim Bergsteigen verwendet, wenn zwei Seile fest miteinander verbunden werden sollen.

1 Legen Sie die beiden Seile parallel und binden Sie die lose Part um die feste Part.

2 Drehen Sie die Knotenarbeit und binden Sie mit der anderen losen Part einen zweiten Überhandknoten. Ziehen Sie die einzelnen Knoten nach und nach zusammen.

Dreifacher Fischerknoten/Spierenstich

Dieser Knoten wird gerne von Anglern verwendet. Er ist für feineres Material wie Schnur gut geeignet.

Gehen Sie vor wie beim doppelten Fischerknoten, verwenden Sie jedoch einen dreifachen Überhandknoten.

Festigkeit und Sicherheit

Knoten schwächen eine Leine, insbesondere wenn sie klein sind. Ein Überhandknoten in einer Angelschnur oder einer Wäscheleine setzt deren Bruchfestigkeit um die Hälfte herab. Massige Knoten sind etwas schonender. Beim doppelten Fischerknoten bleiben 65 bis 70 % der Festigkeit erhalten, beim Blutknoten sind es 85 bis 90 %, während die Festigkeit bei der Vielfachwindung gar nicht beeinträchtigt wird. Andererseits sind Bergsteiger, Angler, Rettungsmannschaften, Feuerwehrleute und Bauhandwerker auf starke und sichere Knoten angewiesen.

Die Sicherheit, die die verschiedenen Knoten bieten, ist sehr unterschiedlich. Auch ein besonders kräftiger Knoten kann rutschen oder sich lösen, wenn er nicht sorgfältig ausgeführt wird oder in periodischen Abständen ungleichmäßig belastet wird.

Nicht zu vergessen ist schließlich die Lösbarkeit eines Knotens, die in bestimmten Fällen für die Sicherheit gleichermaßen ausschlaggebend und wichtig ist. Knotenbenutzer müssen all diese Faktoren berücksichtigen und gegeneinander abwägen.

Einige Knoten werden schon seit langer Zeit aufgrund ihrer Zuverlässigkeit und Festigkeit geschätzt und angewendet. Im Test erweisen sie sich jedoch als überraschend schwach und unzuverlässig. Beispielsweise der einfache Palstek weist eine Festigkeit von 45 % auf und kann, wenn er mit einer steifen oder glatten Leine ausgeführt wird, völlig versagen.

Ein Achtknoten mit Auge, durch einen doppelten Überhandknoten gesichert.

Ein Kreuzknoten, beidseitig mit doppeltem Überhandknoten gesichert.

Eine Schlinge mit „Walnuss", gesichert durch einen doppelten Fischerknoten und Klebeband.

Knoten können auch zusätzlich gesichert werden. So kann z. B. der Achtknoten mit Auge abschließend mit einem doppelten Überhandknoten gesichert werden *(oben*

Ein einfacher Palstek, gesichert mit einem Überhandknoten.

links). Der einfache Palstek wird stabiler durch einen zweiten Törn, bevor die lose Part durchgesteckt wird *(links)*. Zusätzlich wird das lose Ende mit einem Überhandknoten an der Bucht befestigt.

Der besonders rutschanfällige Kreuzknoten kann durch zwei doppelte Überhandknoten gesichert werden *(oben Mitte)*. Und die „Walnuss" *(oben rechts)*, ein besonderer Bremsknoten für Bergsteiger, der oft bei der Herstellung von Schlingen aus Spectra-Tauwerk Anwendung findet, wird mit doppelten Fischerknoten gesichert. Dabei ist es sinnvoll, die Enden zusätzlich mithilfe von Klebeband zu arretieren.

Einfacher Takling

Diese traditionelle Sicherung eines Tampens lässt sich schnell durchführen und leicht lösen.

Taklinge

Takelgarne sind im Fachhandel erhältlich. Für Naturseile sollte Naturgarn, für Synthetikseile Kunststoffgarn verwendet werden. Betakelte Enden brauchen nicht zusätzlich durch Schmelzen versiegelt werden. Auf den Abbildungen wurde zur Anschaulichkeit wesentlich dickeres Takelgarn als nötig verwendet.

1 Formen Sie eine Bucht und legen Sie diese der Länge nach auf den Tampen.

2 Umwickeln Sie den Tampen entgegen seiner Schlagrichtung und schließen Sie dabei die Bucht.

3 Umwickeln Sie den Tampen ganz fest mit so vielen Törns, bis der Takling die Breite des Tampendurchmessers hat.

4 Führen Sie das Ende des Takelgarns durch den überstehenden Teil der Bucht.

5 Ziehen Sie die Bucht nun fest zu und mitsamt dem Arbeitsende unter den Takling bis etwa zur Mitte. Arbeitsende und Bucht sollten nicht zwischen den Törns herausschauen. Sollte das Garn reißen, ersetzen Sie es durch ein stärkeres Material oder reduzieren Sie den Zug beim Wickeln.

Perfekter Takling

Bei dieser Version entsteht keine
Verdickung unter den Törns.

1 Beide Enden des Takelgarns werden
gegenläufig auf das Ende der Leine
gelegt.

2 Wickeln Sie das Takelgarn von innen
nach außen um die Leine.

3 Die Garnenden auf der Leine sollten
beim Umwickeln parallel liegen.

4 Umwickeln Sie die Leine mit festen
Törns.

5 Ziehen Sie die letzte Wicklung schön fest
und sichern Sie den Takling durch Festziehen an den beiden Enden.

Takling mit Überhandknoten

Aufgrund seiner unregelmäßigen Struktur gilt dieser Takling als unansehnlich. Sein markantes Erscheinungsbild erhält er durch die wechselnden Überhandknoten. Er ist nicht so glatt wie andere Taklings, jedoch besonders haltbar.

1 Binden Sie einen Überhandknoten, ca. 2,5 cm vom Leinenende entfernt.

2 Drehen Sie die Leine und binden Sie einen weiteren Überhandknoten auf der anderen Seite.

3 Drehen Sie die Leine erneut und binden Sie einen weiteren Überhandknoten neben den ersten usw.

4 Schließen Sie den Takling mit einem Kreuzknoten ab und schieben Sie die Enden mithilfe eines spitzen Werkzeuges unter den fertigen Takling.

Segelmachertakling

Kein Takling hält unbegrenzt. Nach einiger Zeit lösen sie sich und fallen einfach ab.

Bei dieser Variante wird das Garn zu Anfang zwischen die Kardeele der Leine gelegt, was eine besondere Haltbarkeit und Sicherheit gewährleistet. Bei geflochtenen Leinen wird das Taklinggarn mit einer Segelnadel in der Leine arretiert. Diese Methode empfiehlt sich für alle Leinen, die im Wind flattern, z. B. Flaggleinen, Schoten und laufendes Gut.

1 Öffnen Sie die Kardeele der Leine etwa 5 cm weit und legen Sie eine Bucht des Takelgarns um eine der Kardeelen.

2 Drehen Sie die Kardeele wieder zusammen und beginnen Sie mit den Törns.

3 Umwickeln Sie die Leine mit festen Törns, arbeiten Sie von der Bucht in Richtung Leinenende.

4 Umwickeln Sie die Leine, bis der Takling dem Durchmesser der Leine entspricht.

5 Legen Sie die Anfangsbucht diagonal über die Törns und um das Kardeel vom Anfang.

6 Ziehen Sie die Bucht fest.

7 Legen Sie das Garnende diagonal über die Törns.

8 Verbinden Sie die beiden Garnenden mit einem Kreuzknoten oder einem Altweiberknoten (wie hier im Bild).

Verbindungs-knoten

„ZWEI LEINEN ODER TROSSEN ZUSAMMEN-
BINDEN, … UM SIE SPÄTER WIEDER ZU LÖSEN."
(Sir Henry Manwayring –
The Sea-man's Dictionary, 1644)

Leinen und Tauwerk werden mithilfe von Verbindungsknoten miteinander verbunden. Nach Gebrauch sollten sie jedoch wieder gelöst werden können, damit das kostbare Material erneut eingesetzt werden kann. Unlösbare Knoten, die zum Öffnen zerschnitten werden müssen, sollten nur mit kostengünstigen Leinen und Garnen durchgeführt werden. Zahlreiche Verbindungsknoten (wie z. B. der Schotstek) sind auch zum Verknoten von unterschiedlichen Leinen und Tauwerk geeignet. Damit lassen sich Materialien, deren Ausgangsstoff, Durchmesser und Oberflächenbeschaffenheit unterschiedlich ist, haltbar miteinander verknoten. Einige dieser Knoten, die speziell aus den Bereichen der Seefahrt und des Alpinismus kommen und gewöhnlich mit stärkerem Material ausgeführt werden, sind mittlerweile auch mit leichterer Schnur im alltäglichen Hausgebrauch üblich geworden.

Flämischer Knoten

Mit Naturfaser-Tauwerk ausgeführt, ist dieser Knoten nicht mehr zu öffnen, weshalb ihn die Seeleute früher nur ungern verwendeten. Mit Synthetik-Tauwerk ist er jedoch lösbar. Bergsteiger verwenden diesen Knoten gerne, weil er leicht zu erlernen und zu überprüfen ist.

1 Legen Sie ein Leinenende zu einem Auge.

2 Drehen Sie das Auge nach oben.

3 Stecken Sie die lose Part von unten durch das Auge. Das Ganze sieht dann wie eine Acht aus.

4 Fädeln Sie die lose Part der zweiten Leine parallel zur ersten in Gegenrichtung in das linke Auge.

5 Folgen Sie mit der zweiten Leine dem Verlauf der ersten Acht.

6 Bleiben Sie parallel, bis Sie im rechten Auge der ersten Acht angelangt sind.

7 Ziehen Sie den Knoten abwechselnd dicht.

Doppelter Achtknoten

Dieser Knoten ist symmetrisch und sieht von beiden Seiten gleich aus. Er wird zusammen mit vielen anderen Knoten in Achtform den Flämischen Knoten zugerechnet. Er kann ähnlich verwendet werden wie der Fischerknoten. Beim Arbeiten sollte zwischen den beiden Knoten etwas Platz gelassen werden, damit ein eventueller plötzlicher Ruck abgefangen werden kann.

1 Binden Sie mit der ersten Leine einen Achtknoten und fädeln Sie die zweite Leine ein.

2 Binden Sie mit der zweiten Leine einen Achtknoten um die feste Part der ersten Leine.

3 Dieser Knoten muss genauso aussehen wie der erste.

4 Ziehen Sie die beiden Knoten aneinander und dann fest zusammen.

Linfit-Knoten

Dieser Knoten ist für dickes und federndes Tauwerk gedacht. Er wird gerne von Anglern verwendet und wurde von dem Knotenspezialisten Owen K. Nuttall entwickelt.

1 Legen Sie die beiden zu verbindenden Leinen in Buchten übereinander.

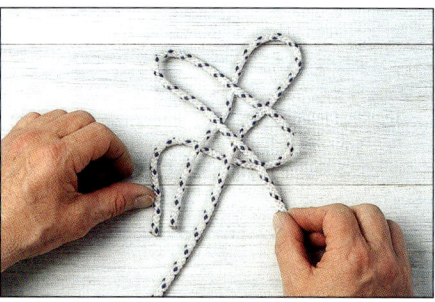

2 Führen Sie die lose Part der oberen Bucht unter der unteren von rechts nach links hindurch.

3 Legen Sie die lose Part der unteren Bucht von links nach rechts über die obere.

4 Legen Sie die links liegende lose Part um die rechts liegende feste Part.

5 Führen Sie die linke lose Part von unten in die linke Bucht.

6 Legen Sie die rechte lose Part gegen den Uhrzeigersinn um die rechte feste Part.

7 Fahren Sie mit der rechten losen Part nun von oben in die rechte Bucht. Bringen Sie den Knoten in eine symmetrische Form, die losen Enden liegen im rechten Winkel auf derselben Seite. Ziehen Sie den Knoten dann zusammen.

Zeppelin-Knoten

Dieser Knoten gehört zur Familie der ineinandergreifenden Überhandknoten. Er ist von besonderer Haltbarkeit. Die beiden festen Parten befinden sich im rechten Winkel zueinander, was optisch nicht besonders vorteilhaft ist, hinsichtlich seiner Stabilität jedoch keinen Mangel bedeutet. Wie der Name schon sagt, ist er mit der Zeit der Luftschiffe verbunden. Der amerikanische Marineoffizier und Luftfahrtpionier Charles Rosendahl schwor auf diesen Knoten und bestand darauf, dass der Zeppelin USS Los Angeles, der in den 30er-Jahren unter seinem Kommando stand, stets mit diesem Knoten befestigt wurde.

Die unten gezeigte Variante dieses Knotens geht auf Ettrick E. Thomson zurück. Sie ist etwas leichter auszuführen und eignet sich für jede Art von Leine.

1 Legen Sie die beiden zu verbindenden Leinen parallel in dieselbe Richtung.

2 Formen Sie mit der losen Part (grün) auf einer Seite ein Auge.

3 Legen Sie mit eben dieser Part (grün) ein Auge um beide festen Parten.

4 Führen Sie die zweite feste Part (rot) unter den beiden anderen Parten (grün) hindurch.

5 Fädeln Sie die zweite lose Part (rot) von vorne durch das erste Auge und ziehen Sie den Knoten zu.

Regulierbarer Knoten

Dieser Bergsteigerknoten geht auf den Kanadier Robert Chisnall zurück, der ihn um 1982 entwickelt hat. Wenn kein allzu starker Zug anliegt, bleiben die beiden Knoten getrennt. Müssen sie einen plötzlichen Ruck abfangen, nehmen sie einen Teil der Kraft auf. Geeignet sind hierfür sowohl Leinen als auch Gurtbänder.

1 Legen Sie die beiden Leinenenden nebeneinander. Schlagen Sie ein Ende um das andere lose Ende.

2 Führen Sie einen weiteren Törn aus.

3 Bringen Sie die eine lose Part unter die umwickelte und die zugehörige feste Part.

4 Führen Sie diese lose Part nun unter dem letzten Törn hindurch und bilden Sie ein Auge.

5 Drehen Sie die Knotenarbeit und führen Sie auf der anderen Seite in ca. 5 cm Abstand denselben Knoten aus.

Hunter-Knoten

Dieser Knoten ist mit dem Zeppelin-Knoten verwandt. Er wurde während des Zweiten Weltkriegs von Phil D. Smith entwickelt und von ihm als Takler-Knoten klassifiziert. 1978 wurde er durch den amerikanischen Arzt Edward Hunter neu entdeckt. Die Veröffentlichung dieses Knotens in der *Times* führte letztendlich zur Gründung der *International Guild of Knot Tyers*, einer Vereinigung, der mittlerweile weltweit mehrere tausend Mitglieder angehören. Sie bemüht sich um den Erhalt und die Rekonstruktion alter Knotentechniken und ist stets auf der Suche nach neuen Knoten.

1 Legen Sie die beiden Leinenenden gegenläufig nebeneinander.

2 Formen Sie aus dem doppelten Leinenabschnitt ein Auge.

3 Führen Sie die obere lose Part hinter das Auge.

4 Stecken Sie sie von hinten nach vorne durch das Auge hindurch.

5 Führen Sie nun die hintere lose Part um das Auge herum nach vorne.

6 Stecken Sie diese lose Part entgegen der ersten von vorn nach hinten durch das Auge.

7 Glätten Sie den Knoten ein wenig und geben Sie acht, dass die losen Enden nicht aus dem Auge gleiten.

8 Nun ziehen Sie den Knoten zusammen, bis er fest ist.

Chirurgenknoten

Früher vermutlich für Operations-
nähte verwendet, findet dieser
Knoten heute als Bindeknoten
Einsatz. Beim Zusammenziehen
behält er etwas Schlupf, dennoch
ist er ein sicherer Knoten. Er ist
für alle Materialien und Stärken
geeignet.

1 Überkreuzen Sie die zu verbindenden
Leinen links über rechts.

2 Binden Sie einen Überhandknoten.

3 Schlagen Sie ein Ende ein weiteres Mal
um das andere und legen Sie nun das
rechte Ende über das linke.

4 Binden Sie zum Abschluss einen Überhandknoten. Zum Festziehen fassen Sie
die jeweiligen festen und losen Parten zusammen. Geben Sie acht, dass der Knoten
sich nicht verdreht.

Geschirrknoten

Dieser Knoten wurde früher von Fuhrleuten gerne verwendet. Er hat auch in Leder eine gute Haltbarkeit und ist ebenso für Bast und Maschendraht geeignet.

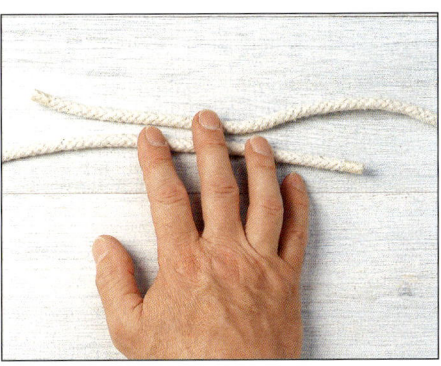

1 Legen Sie die beiden Leinenenden gegenläufig parallel.

2 Führen Sie eine lose Part unter dem anderen Leinenende hindurch und legen Sie sie darüber.

3 Führen Sie diese lose Part weiter unter sich selbst hindurch und legen Sie sie über die andere Part.

4 Nehmen Sie nun die zweite lose Part.

5 Binden Sie damit einen halben Schlag um die feste Part. Ziehen Sie den Knoten zusammen. Dabei liegen die beiden Enden auf verschiedenen Seiten des Knotens.

Doppelter Geschirrknoten

Im Vergleich zum einfachen Geschirrknoten ist dieser Knoten etwas robuster und sicherer. Außerdem hat er ein symmetrischeres Erscheinungsbild, weshalb er von vielen Freunden der Knotentechnik bevorzugt wird.

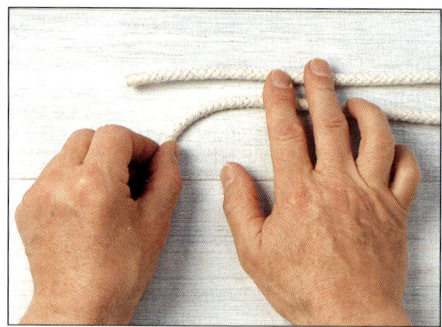

1 Legen Sie die beiden Leinenenden gegenläufig parallel.

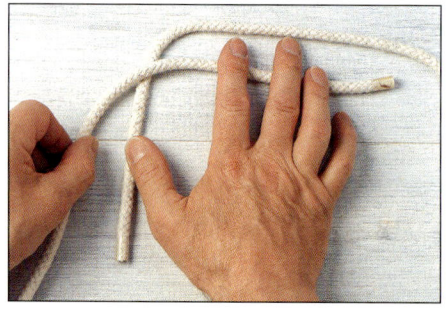

2 Legen Sie ein Ende unter das andere.

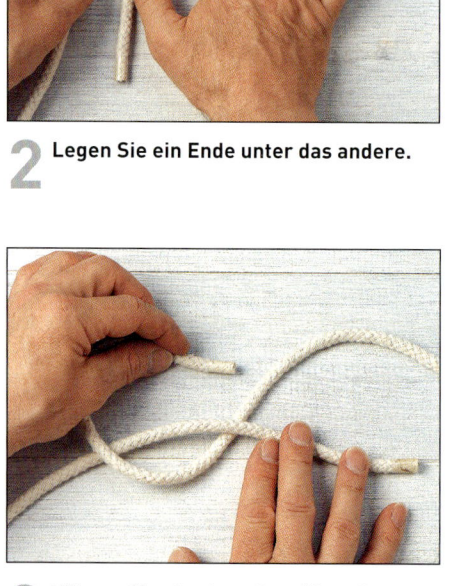

3 Führen Sie eine lose Part über die andere ...

4 ... und unter sich selbst hindurch. Holen Sie diese lose Part wieder nach vorne und führen Sie sie über die andere lose Part.

5 Nun führen Sie das zweite Ende von unten um das erste und unter sich selbst hindurch nach vorne über das erste. Ziehen Sie den Knoten zusammen, bis die beiden Enden auf einer Seite liegen.

Stroppknoten

In der Seemannssprache ist mit einem Stropp ein kurzes Stück Tauwerk gemeint, dessen Enden meistens mit Augen oder Haken versehen sind. Mithilfe dieses Knotens können zwei Stropps miteinander verbunden werden. Auf Baustellen und Werften ist der Stroppknoten eine gute Hilfe. Auch Kinder nutzen diesen Knoten gerne zum Basteln und Spielen.

1 Formen Sie zwei Buchten und legen Sie diese ineinander.

2 Klappen Sie die innere Bucht nach hinten.

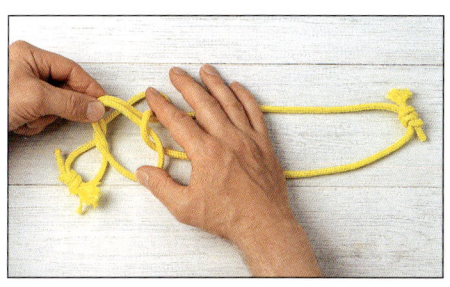

3 Ziehen Sie die festen Parten durch die Bucht.

4 Es sind zwei Augen um die Parten der anderen Bucht entstanden.

5 Ziehen Sie die beiden Buchten in entgegengesetzte Richtungen.

6 Fahren Sie fort, bis die beiden Buchten fest miteinander verriegelt sind.

7 Ziehen Sie den Knoten zusammen. Der Stoppknoten erinnert an den Kreuzknoten. Anders als dieser löst er sich jedoch nur, wenn die Leine reißt.

Blutknoten

Ein beliebter Anglerknoten, der aufgrund seiner Form Blut- oder Tonnenknoten genannt wird.

Durch die zahlreichen Törns bietet er Stabilität und Sicherheit. Er wird vorwiegend mit Garn ausge-

führt, kann aber auch mit stärkeren Leinen geprüft und in anderen Bereichen verwendet werden.

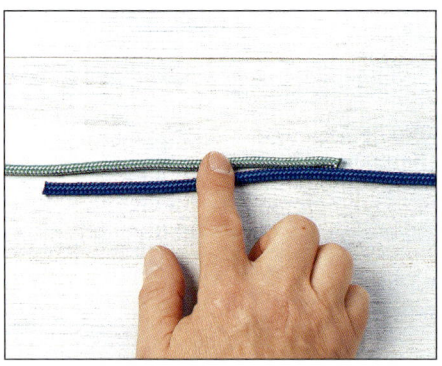

1 Legen Sie die beiden Leinenenden parallel in entgegengesetzter Richtung.

2 Legen Sie mit einer losen Part einen Törn um die andere Leine.

3 Legen Sie einen zweiten Törn neben den ersten und umschließen Sie damit beide Leinen.

4 Ziehen Sie die lose Part fest um die stehende Part.

5 Schließen Sie einen weiteren Törn an.

6 Führen Sie auf diese Weise mehrere Törns aus und stecken Sie das Ende dann zwischen die beiden Leinen.

7 Fahren Sie mit der zweiten Leine auf dieselbe Weise fort.

8 Legen Sie einige Törns um beide Leinen, bis Sie auf den zuvor ausgeführten Knoten stoßen.

9 Führen Sie auch dieses Leinenende zwischen den beiden Leinen hindurch, und zwar in entgegengesetzter Richtung. Ziehen Sie die Törns und den Knoten fest.

Trossenstek mit gegenüberliegenden Enden

(Carrick-Knoten)

Herkunft und Bezeichnung dieses Knotens sind unklar. Vermutlich geht sein Name auf den irischen Ort Carrick-on-Suir zurück, wo in Ormonde Castle zahlreiche in Stuck ausgeführte Knoten dieser Art zu finden sind. Möglicherweise geht der Name jedoch auch auf die Carrick Road am Hafen von Falmouth in Cornwall zurück. Dieser Knoten ist geeignet für schwere Trossen und Leinen und wird heute auch gerne mit synthetischem Material gebunden. Er wird für sehr belastbar gehalten, obwohl er die Bruchfestigkeit des Tauwerks auf 56 % reduziert. Sicherer ist er, wenn die beiden Arbeitsenden auf den gegenüberliegenden Seiten des Knotens heraustreten.

1 Formen Sie mit einer Leine ein Auge und legen Sie dabei die lose Part nach oben.

2 Führen Sie die andere Leine über das Auge und unter der festen Part der ersten Leine hindurch.

3 Legen Sie mit der zweiten Leine ein weiteres Auge, führen Sie dabei die lose Part über die erste Leine.

4 Stecken Sie die lose Part der zweiten Leine unter die untere Part des ersten Auges und schließlich über sich selbst sowie unter die obere Part des ersten Auges. Beim Festziehen verliert der Knoten seine dekorative Form.

Trossenstek mit gleich liegenden Enden
(Carrick-Knoten)

Wenn beide Arbeitsenden auf dieselbe Seite genommen werden, entsteht ein dekorativer Knoten. In dieser Form ist er u. a. auf dem Wappen von Herward dem Wachen zu finden, einem angelsächsischen Widerstandskämpfer gegen den Normannen Wilhelm den Eroberer aus der Mitte des 11. Jahrhunderts.

Desmond Mandeville erforschte die Herkunft dieses Knotens über mehr als 25 Jahre und fand heraus, dass er als Symbole bei der Darstellung von Familienstammbäumen eine wichtige Rolle spielte.

Diese Variante des Carrick-Knotens kann für Gardinenbänder oder Gürtel verwendet werden.

1 Formen Sie ein Auge mit der ersten Leine, legen Sie das Arbeitsende über die feste Part.

2 Bringen Sie die lose Part der zweiten Leine unter das Auge.

3 Legen Sie dieses Ende über das Arbeitsende der ersten Leine ...

4 ... und unter die feste Part der ersten Leine ...

5 ... dann über-unter-über in das erste Auge. So wird ein weiteres Auge gebildet.

6 Ziehen Sie den Knoten zusammen und halten Sie ihn dabei flach.

Vice-Versa-Knoten

Harry Asher entwickelte diesen Knoten zur Befestigung von nassem und glitschigem Material, wie z. B. nasse Lederriemen oder Gummiseile. Er stellte ihn 1989 erstmals der Öffentlichkeit vor. Die besonderen Merkmale dieses Knotens sind zusätzliche Windungen, auf die seine Sicherheit gegen Durchrutschen zurückzuführen ist.

1 Legen Sie die beiden Leinenenden gegenläufig parallel zueinander.

2 Führen Sie die lose Part, die nach rechts zeigt, unter der zweiten Leine hindurch.

3 Führen Sie die lose Part um das Leinenende herum und unter sich selbst hindurch.

4 Legen Sie die zweite lose Part auf die erste feste Part.

5 Führen Sie sie unter der ersten festen Part hindurch und formen Sie ein Auge.

6 Legen Sie das rechte Arbeitsende über das linke. Stecken Sie das obere Arbeitsende von unten durch das linke Auge, parallel zur eigenen festen Part.

7 Das verbleibende Arbeitsende stecken Sie nun von unten in das rechte Auge, parallel zu seiner festen Part. Ziehen Sie den Knoten fest.

Schotstek

Auch wenn dieser Knoten weder besonders sicher noch fest ist und er die Bruchsicherheit der Leinen um 55 % vermindert, gehört er dennoch zum festen Repertoire der Basisknoten. Sein Name erscheint in schriftlicher Form erstmals um 1794, jedoch ist er bereits auf ägyptischen Malereien zu sehen. Er wird zum Befestigen der Seile (auch Schote genannt) an den Segeln verwendet. Mit Garn geknüpft wird er als Weberknoten bezeichnet.

1 Formen Sie aus einer der beiden Leinen eine Bucht.

2 Führen Sie die zweite Leine von unten in die Bucht.

3 Legen Sie diese lose Part um die Bucht.

4 Stecken Sie diese lose Part unter ihre feste Part. Ziehen Sie den Knoten an den festen Parten zu.

Doppelter Schotstek

Wenn Sie zwei Leinen von stark unterschiedlicher Stärke und Festigkeit miteinander verbinden möchten, kann ein einfacher Schotstek ungeeignet sein, da er durch die Streckung aufgezogen werden kann. Dies kann durch einen doppelten Schotstek vermieden werden.

1 Legen Sie die stärkere Leine zu einer Bucht.

2 Führen Sie die zweite Leine von unten in die Bucht.

3 Legen Sie das Ende um die Bucht herum.

4 Führen Sie dieses Leinenende nun unter sich selbst hindurch.

5 Führen Sie dieses Arbeitsende nun erneut um die Bucht und unter sich selbst hindurch. Dabei muss es rechts neben dem ersten Törn zu liegen kommen.

6 Ziehen Sie nun den Knoten fest. Zur Ausführung eines dreifachen Schotsteks werden die Schritte 5 und 6 wiederholt.

Einbahn-Schotstek

Soll ein Schotstek über ein Hindernis oder durch eine Felsspalte gezogen werden, besteht die Gefahr, dass der Knoten sich verhakt und das Seil dadurch an einer Stelle festhängt. Dem kann mit dem Einbahn-Schotstek vorgebeugt werden. Er trägt weniger auf und ist daher für unwegsames Gelände, z. B. beim Klettern, wie auch für die Verwendung im Wasser gut geeignet. Man sollte bei der Anfertigung dieses Knotens jedoch darauf achten, dass die losen Enden entgegen der Zugrichtung liegen.

1 Formen Sie ein Leinenende zu einer Bucht.

2 Führen Sie das andere Leinenende von unten in die Bucht.

3 Legen Sie das Leinenende um die Bucht herum.

4 Führen Sie das Leinenende unter sich selbst hindurch.

5 Stecken Sie das Leinenende in sein eigenes Auge. Es entsteht ein Achtknoten.

6 Nun ziehen Sie den Knoten fest. Sorgen Sie dafür, dass sich alle Parten gut ineinander schmiegen.

Hilfsleinenknoten

Dieser schnell und einfach auszuführende Knoten wurde erstmals 1912 in einem Handbuch der Seefahrt erwähnt. Er ist gut geeignet, um eine leichte Hilfsleine an Bucht oder Auge einer schweren Trosse zu befestigen.

1 Legen Sie die Trosse zu einer Bucht.

2 Legen Sie die Leine in die Mitte der Bucht und über die Trosse.

3 Legen Sie die lose Part der Leine um die feste Part der Trosse und um die eigene feste Part zu einem Auge.

4 Führen Sie die lose Part der Leine um die feste Part der Trosse.

5 Bringen Sie die lose Part der Leine auf die andere Seite des Knotens. Dabei wird die Leine von unten durch ihr eigenes Auge gesteckt. Den Knoten dann festziehen.

Strecktauknoten

Wenn ein Schotstek an schweren Trossen insbesondere im Einsatz auf See zu schwach sein sollte, ist dieser Knoten gut geeignet. Dabei wird eine dünne Leine achtförmig in mehreren Törns um die Bucht einer wesentlich dickeren Trosse gelegt, deren Parten auf diese Weise eingeklemmt und so gegen Durchrutschen gesichert werden. Doch auch in anderen Bereichen kann dieser Knoten eine sinnvolle Verwendung finden und beispielsweise beim Modellbau oder bei unterschiedlichen Outdoor-Aktivitäten eingesetzt werden.

1 Legen Sie die dicke Leine in eine Bucht und führen Sie das lose Ende der dünnen darüber.

2 Führen Sie die lose Part der dünnen Leine unter der Bucht hindurch ...

3 ... und wieder zurück über die lose Part der dicken Leine, danach unter ihrer festen Part hindurch.

4 Stecken Sie das dünne Arbeitsende wieder unter die lose Part der Bucht hindurch.

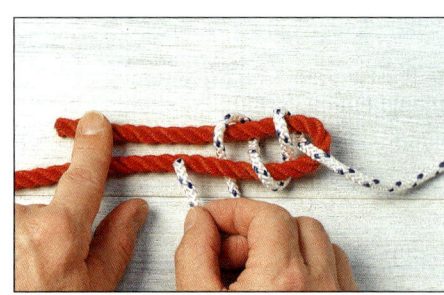

5 Wiederholen Sie diesen Vorgang, bis die Bucht von der dünnen Leine fest zusammengehalten wird.

6 Zum Schluss stecken Sie das lose Ende der dünnen Leine unter den letzten Törn. Schieben Sie die Törns zusammen und ziehen Sie diese fest zu.

Gripknoten

Harry Asher entwickelte diesen Knoten 1986 als sichere Hilfsleinenverbindung, die leicht zu lösen ist.

1 Legen Sie die stärkere Leine zu einer Bucht. Stecken Sie die dünnere Leine von unten in die Bucht.

2 Führen Sie die dünnere Leine in einem Rundtörn um das Buchtende.

3 Bringen Sie die dünne Leine ans offene Ende der Bucht und schlagen Sie hier einen Törn.

4 Klemmen Sie dabei den stehenden Part der dünnen Leine fest.

5 Führen Sie einige Törns um die Bucht aus.

6 Nun lösen Sie den ersten Törn und ziehen ihn zu einer Bucht.

7 Legen Sie die Bucht der dünnen Leine um das kurze Ende der dickeren Leine und ziehen Sie damit alle Törns zusammen.

Albright-Knoten

Um Angelschnüre von unterschiedlicher Stärke und Material miteinander zu verbinden, ist dieser Knoten bestens geeignet. Er kann sogar verwendet werden, wenn es darum geht, Drahtlitze zu verarbeiten. 1975 wurde er erstmals erwähnt und hat sich in der Zwischenzeit vielfach bewährt. Um die Vorgehensweise bei der Anfertigung dieses Knotens besser zu veranschaulichen, wurde hier wesentlich stärkeres Material verwendet.

1 Legen Sie die dickere Leine zu einer Bucht.

2 Legen Sie die dünnere Leine zwischen die Parten.

3 Legen Sie die dünnere Leine in einem Törn um die Bucht.

4 Klemmen Sie dabei die feste Part fest mit ein.

5 Legen Sie weitere Törns um die Bucht und die feste Part der dünneren Leine.

6 Bewegen Sie sich so auf das geschlossen Ende der Bucht zu.

7 Bedecken Sie fast die gesamte Bucht mit Törns.

8 Führen Sie das Arbeitsende zum Schluss in die Buchtöffnung.

Einfacher Simon-Über-Knoten

Auch dieser Knoten geht auf Harry Asher zurück, der ihn 1989 erstmals präsentierte. Er ist als Verbindungsform von Leinen und Tauen aus Synthetikmaterial mit glatter bzw. rutschiger Oberfläche gut geeignet. Leider wurde dieser Knoten bisher nur selten in Büchern oder Zeitschriften vorgestellt. Er ist leicht auszuführen und kann auf vielfältige Weise eingesetzt werden.

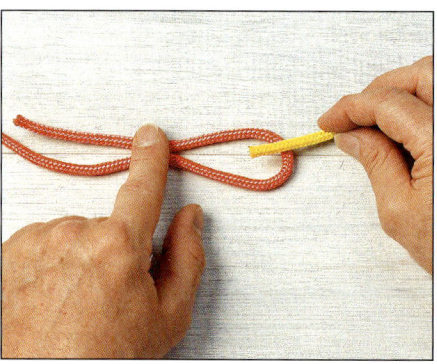

1 Legen Sie eine der Leinen zu einer Bucht, die lose Part der anderen Leine darüber.

2 Bringen Sie die lose Part der anderen Leine unter die feste Part der Bucht, über die gesamte Bucht zurück und darunter hindurch.

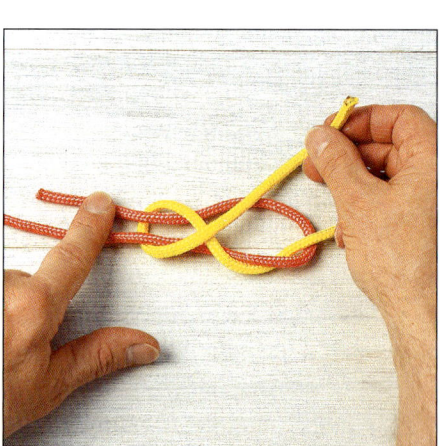

3 Legen Sie ein Auge über die feste Part der Leine (das „Über" des Knotennamens).

4 Fahren Sie mit der losen Part von außen in die Bucht, die so parallel zur festen Part zu liegen kommt. Nun ziehen Sie den Knoten zusammen.

Einfacher Simon-Unter-Knoten

Zwar ist er dem Simon-Über-Knoten sehr ähnlich, jedoch ist er von größerer Stabilität. Auch dieser Knoten hält recht gut in Leinen oder Tauen aus synthetischen Materialien mit glatter und rutschiger Oberfläche, jedoch können damit überdies auch stabile Verbindungen von Tauwerk aus unterschiedlichen Materialien und Oberflächenbeschaffenheiten erzielt werden.

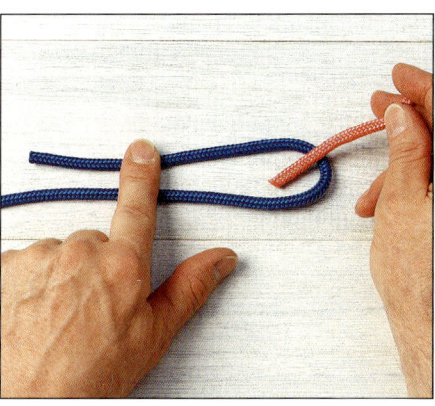

1 Legen Sie eine Leine zu einer Bucht, die andere Leine darüber.

2 Stecken Sie die lose Part unter die feste Part der Bucht und dann über beide Parten hinweg.

3 Bilden Sie ein Auge um die Bucht und bringen Sie die lose Part unter seine feste Part (das „Unter" des Knotennamens).

4 Stecken Sie die lose Part von außen und unten in die Bucht, parallel zu seiner festen Part. Ziehen Sie den Knoten zusammen.

Doppelter Simon-Knoten

Diese Variante des Simon-Knotens von Harry Asher bietet eine besonders hohe Sicherheit. Sie ist gut geeignet, wenn Leinen in verschiedenen Stärken und aus unterschiedlichen Materialien verwendet werden sollen.

1 Legen Sie die stärkere Leine zu einer Bucht und bringen Sie das Ende der anderen Leine darüber.

2 Stecken Sie dieses Ende unter die stehende Part der stärkeren Leine.

3 Winden Sie einen Törn um beide Parten der Bucht.

4 Bringen Sie die lose Part über beide Leinenenden der Bucht.

5 Winden Sie einen weiteren Törn um die Part der Bucht und die stehende Part.

6 Führen Sie die lose Part wieder nach oben.

7 Bringen Sie die lose Part von hinten in die Bucht, parallel zur stehenden Part. Ziehen Sie den Knoten zusammen.

Shake Hands

Ein ausgezeichneter, sicherer, dekorativer und leicht zu lösender Knoten, ebenfalls von Harry Asher entwickelt. Leider ist er bisher weitgehend unbekannt.

1 Formen Sie mit der losen Part ein Auge über der stehenden Part.

2 Fädeln Sie die andere Leine durch das Auge und bilden Sie so ein zweites Auge, wobei die lose Part unter der stehenden Part zu liegen kommt.

3 Stecken Sie die erste Part von unten in das zweite Auge.

4 Verschieben Sie das erste Auge ein wenig.

5 Bringen Sie die lose Part über die Parten der beiden Augen.

6 Stecken Sie die lose Part der zweiten Leine von oben in die Mitte.

7 Bringen Sie die lose Part unter die Parten der beiden Augen. Ziehen Sie den Knoten zusammen.

Fallender Diebesknoten gesichert

Diese Variante des allgemein unzuverlässigen Diebesknotens bietet eine höhere Stabilität, da er in der Mitte gesichert ist. Wenn man sich nicht daran stört, dass er etwas klumpig ist, kann dieser Knoten vielfältig eingesetzt werden.

1 Formen Sie mit einer der Leinen eine Bucht. Stecken Sie die zweite Leine von unten in die Bucht.

2 Legen Sie das Ende um die Part der Bucht und durch die Bucht hindurch. Beim Festziehen entsteht nun der einfache Diebesknoten.

3 Nun bringen Sie die beiden Arbeitsenden auf die gegenüberliegenden Seiten.

4 Ziehen Sie die Augen auseinander.

5 Kreuzen Sie die beiden Arbeitsenden wie auf dem Bild. Fest zusammengezogen erhalten Sie so den fallenden Diebesknoten.

6 Führen Sie die obere lose Part von oben in die Mitte.

7 Führen Sie die untere lose Part von unten in die Mitte. Ziehen Sie den Knoten zusammen.

Alpiner Schmetterlingsknoten

Zerschneidet man eine der Buchten des Schmetterlingsknotens, bleibt immer noch dieser Knoten zurück. Er ist gut geeignet, um zwei Leinen miteinander zu verbinden.

3 Stecken Sie die lose Part von einer Leine in die Mitte der beiden Augen.

4 Fädeln Sie auch die lose Part der zweiten Leine durch die Mitte.

5 Ziehen Sie den Knoten zusammen.

1 Bilden Sie mit einer der Leinen ein Unterhandauge.

2 Fädeln Sie die zweite Leine in das Auge und bilden Sie ein gleiches zweites Auge.

Palstek

In der Seefahrt ist der Palstek der am häufigsten verwendete Knoten und gilt hier als der König der Knoten. Sowohl Naturleinen als auch solche aus synthetischen Materialien können mittels ineinandergreifender Palsteke miteinander verbunden werden. Der Palstek hat den Vorteil, dass er selbst unter Last nicht durchrutscht oder sich unlösbar fest zusammenzieht. Jedoch können die Leinen an den Verbindungsstellen aneinanderreiben und dadurch geschwächt werden.

1 Bilden Sie ein Auge, bei dem die lose Part oben liegt, führen Sie sie von unten in das Auge.

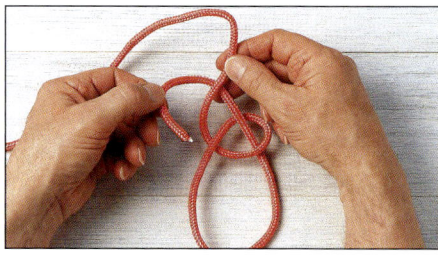

2 Legen Sie die lose Part hinten um die feste Part.

3 Fädeln Sie die lose Part von oben erneut in das erste Auge.

4 Bilden Sie ein gleiches Auge und fädeln Sie die lose Part durch den ersten Palstek.

5 Führen Sie die lose Part von unten durch das Auge und von hinten um die feste Part.

6 Stecken Sie die lose Part von oben in das erste Auge. Ziehen Sie beide Knoten fest zusammen.

Zwillings-Palstek

Diese Form des Palsteks bietet den Vorteil, dass starke Knicke in der Leine vermieden werden. Außerdem ist die Gefahr geringer, dass die Leinen aneinander scheuern und dadurch geschwächt werden.

1 Legen Sie die beiden losen Parten gegenläufig parallel.

2 Legen Sie mit einer Leine ein Auge, mit der losen Part nach oben.

3 Führen Sie die zweite Leine durch das Auge und unter die erste feste Part.

4 Stecken Sie sie durch das erste Auge und ziehen Sie den ersten Palstek zusammen.

5 Drehen Sie den Knoten auf die andere Seite und legen Sie die zweite Leine zu einem Auge.

6 Stecken Sie die lose Part der ersten Leine durch das Auge und legen Sie sie unter die stehende Part.

7 Fädeln Sie die lose Part durch das zweite Auge und ziehen sie den zweiten Palstek zusammen.

Knoten zum Festmachen

„MIT DIESEN KNOTEN WERDEN LEINEN AN PFÄHLEN, POLLERN, SPIEREN, AN DER RELING, AN RINGEN ODER HAKEN BEFESTIGT. FÜR JEDEN ZWECK GIBT ES EINEN ANDEREN KNOTEN."
(Harry Garrett Smith –
The Arts of the Sailor, 1953)

Eine Leine kann an verschiedenen Gegenständen oder an anderen Leinen „festgemacht" werden. Manche Knoten sind am sichersten, wenn sie im rechten Winkel zum Belastungspunkt geknüpft werden, andere sind auch bei seitlicher oder wechselnder Belastung haltbar.

Der Fischer- oder Ankerknoten und der Gaffeltoppsegel-Fallstek sind klassische Knoten zum Festmachen. Bei anderen Knoten, mit denen man eine Leine an einem Ring oder einer Spiere befestigt, spricht man dagegen von „anschlagen". Die unterschiedlichen Bezeichnungen gehen traditionell auf die alten Seemannszeiten zurück.

Pedigree-Kuhstek

Für die horizontale Befestigung länglicher Gegenstände ist dieser Knoten bestens geeignet. Er kann zu Beginn einer Lasching oder zum Aufhängen von Geräten in Haus und Garten eingesetzt werden.

1 Legen Sie die lose Part von vorne nach hinten um den Befestigungspunkt.

2 Legen Sie die lose Part vorne über die stehende Part.

3 Legen Sie die lose Part nun von hinten um den Befestigungspunkt.

4 Fädeln Sie die lose Part durch die Bucht. So erhalten Sie einen einfachen Kuhstek.

5 Stecken Sie die lose Part zum Schluss durch die beiden Augen und ziehen Sie den Knoten zu.

Kuhstek-Variante

Im Vergleich zum einfachen Pedigree-Kuhstek ist diese Variante etwas zuverlässiger. Sie gelangte durch den Franzosen Robert Pont nach Europa, der sie 1995 in Quebec entdeckte, als er einem Jungen des Dakota-Stammes der Bois Brules bei der Ausführung dieses Knotens zuschaute. Er ist für unterschiedliche Zwecke geeignet, u. a. zum Befestigen von Gegenständen an einem Bändsel.

1 Legen Sie die lose Part um den Befestigungspunkt.

2 Legen Sie einen halben Schlag um die feste Part.

3 Bringen Sie die lose Part vorn über die feste Part und von hinten um den Befestigungspunkt.

4 Bringen Sie die lose Part wieder nach vorne und stecken Sie sie in das Auge neben die feste Part.

Achtknoten-Stek

Dieser Knoten ist leicht auszuführen und für eine einfache Befestigung gut geeignet. Am doppelten Kreuzungspunkt entsteht eine stärkere Reibung als beispielsweise beim halben Schlag, jedoch ist dieser Knoten zuverlässiger, insbesondere wenn dünne Gegenstände befestigt werden sollen. Der Achtknoten-Stek kann auch mit einem Rundtörn ausgeführt werden. Man sollte ihn jedoch mit Vorsicht einsetzen, da er weniger haltbar ist als viele andere Knoten.

1 Legen Sie die lose Part von vorne um den zu befestigenden Gegenstand.

2 Bringen Sie die lose Part vorne über die stehende Part.

3 Führen Sie die lose Part weiter nach hinten um die stehende Part.

4 Fädeln Sie die lose Part in das entstandene Auge und ziehen Sie zu.

Bauchgording-Knoten

Dieser Knoten besteht aus zwei halben Schlägen, bei denen der zweite im ersten liegt und die lose Part fest am Befestigungspunkt sitzt. Er ist für laufendes Gut und Flaggleinen gut geeignet. Auf einem Segelschiff wird er eingesetzt, um wild flatternde Rahsegel aufzugeien. Mit flachen Bändern ausgeführt, wird er als Krawattenknoten bezeichnet.

1 Legen Sie die lose Part um den Befestigungspunkt.

2 Legen Sie die lose Part vorne über die feste Part.

3 Führen Sie die lose Part hinter die feste Part, sodass eine Acht entsteht.

4 Stecken Sie die lose Part von hinten durch die Mitte.

5 So entstehen zwei halbe Schläge. Ziehen Sie den Knoten nun zu.

Webeleinstek in der Leine gelegt

Ein beliebter Knoten, der sich unter Belastung jedoch lockert. Man sollte ihn mit einem halben Schlag sichern. Er kann zum Aufhängen von Gegenständen oder zum Festmachen eines leichten Bootes verwendet werden. Mit dünnem oder rauem Material zieht er sich meist sehr fest zu. Man sollte ihn daher etwas lockerer binden.

1 Bilden Sie ein Auge, mit der losen Part nach unten.

2 Legen Sie ein zweites Auge, wieder mit dem losen Part unten.

3 Bringen Sie die beiden Augen auf die gleiche Größe.

4 Schieben Sie das zweite Auge über das erste.

5 Schieben Sie die beiden Augen über den jeweiligen Gegenstand.

Webeleinstek mit der losen Part gesteckt

Wenn ein Knoten nicht über einen Gegenstand geschoben werden kann, sondern gesteckt werden muss, ist diese Variante des Webeleinstek sinnvoll.

1 Legen Sie die lose Part von vorn nach hinten um den Befestigungspunkt.

2 Legen Sie die lose Part vorn um die feste Part und bilden Sie so ein Auge.

3 Führen Sie die lose Part neben dem ersten Auge ein weiteres Mal um den Befestigungspunkt.

4 Legen Sie die lose Part zu einem Auge und stecken Sie es in das erste Auge.

5 Soll der Knoten schnell zu öffnen sein, verbleibt die lose Part als Bucht.

Grundleinen-Stek

Sollen Leinen von unterschiedlicher Stärke auf einfache Weise miteinander verbunden werden, ist dieser Knoten gut geeignet. Früher wurde er häufig von den Dorschfischern an ihren Netzen und von berittenen Soldaten bei der Errichtung ihrer Zelte verwendet. Er eignet sich auch als Behelfstakling und kann mit feinen Leinen durchgeführt werden. Wenn er rasch gelöst werden soll, ist es sinnvoll, ihn mit einem Slipstek zu beenden. Dieser Knoten ist nur unter Last haltbar und sollte nicht zur Sicherung von Lebewesen verwendet werden.

1 Legen Sie eine dünne Leine über die dickere.

2 Führen Sie die lose Part um die dickere Leine herum.

3 Überkreuzen Sie die lose Part mit der festen Part.

4 Legen Sie die lose Part neben das Auge um die dickere Leine herum.

5 Ziehen Sie das erste Auge buchtartig heraus.

6 Fädeln Sie die lose Part durch die Bucht und ziehen Sie den Knoten zusammen.

Räuberstek

Kinder haben viel Freude an diesem Knoten, weil er kompliziert aussieht und sich mit einem Ruck ganz leicht lösen lässt. Er ist gut geeignet zum Festbinden eines Bootes oder eines Pferdes. Unklar ist, ob er tatsächlich von Räubern benutzt worden ist.

1 Formen Sie eine Bucht aus einer Leine und bringen Sie diese hinter den Befestigungspunkt.

2 Legen Sie eine Bucht in die feste Part vor den Befestigungspunkt.

3 Fädeln Sie diese Bucht in die erste und sichern Sie sie mit einem kräftigen Zug an der losen Part.

4 Legen Sie die lose Part erneut in eine Bucht.

5 Fädeln Sie diese Bucht in die vorherige. Ziehen Sie den Knoten an der festen Part fest. Wird an der losen Part kräftig gezogen, löst sich der Knoten.

Stopperstek/Rollstek

Dieser Knoten ist eine Weiterentwicklung des Webeleinsteks. Er kann eine Zugkraft in Längsrichtung abfangen. Die beiden Rundtörns müssen auf der Seite liegen, auf der der Knoten belastet wird.

1 Führen Sie mit der Leine von vorne nach hinten in Zugrichtung einen Rundtörn aus.

2 Bringen Sie die lose Part kreuzförmig über die feste Part.

3 Bringen Sie die lose Part zwischen den ersten Törn und die feste Part und schlagen Sie einen weiteren Törn.

4 Führen Sie die lose Part auf die rechte Seite der festen Part.

5 Fädeln Sie die lose Part unter sich selbst hindurch und ziehen Sie den Knoten fest.

Hakenleinenstek

Dieser Knoten wird bei den Fischern an den Küsten von England und Schottland „Osselstek" genannt. Mit „ossel" ist ein Treibnetz gemeint. Dieser Knoten wurde dort traditionell für die unter Wasser liegende Befestigung der Schwimmer am Netz verwendet. Es ist ein sehr kleiner Knoten, der Leinen von unterschiedlicher Stärke miteinander verbindet.

1 Bringen Sie die lose Part von hinten um die Leine.

2 Legen Sie die lose Part hinten um die stehende Part und wieder nach vorne über die Leine.

3 Legen Sie die lose Part unter die Leine nach hinten.

4 Fädeln Sie die lose Part von hinten nach vorne in den ersten Törn und ziehen Sie den Knoten fest.

Ossel-Knoten

Ein besonders stabiler Knoten zur Befestigung von Schwimmleinen, der ausdauernd unterschiedlich starken Beanspruchungen stand-halten kann und selbst bei rauer See zuverlässig haltbar ist.

1 Legen Sie die lose Part von vorne um eine Leine.

2 Legen Sie die lose Part erneut um die Leine und kreuzen Sie dabei die ste-hende Part.

3 Bringen Sie die lose Part neben dem ersten Törn nach vorne und führen Sie einen zweiten Törn diagonal über die Leine aus.

4 Kreuzen Sie dabei erneut die feste Part.

5 Führen Sie einen weiteren Rundtörn aus, ohne die stehende Part zu kreu-zen. Beide Parten liegen nun parallel.

6 Ziehen Sie die stehende Part heraus und bilden Sie eine Bucht.

7 Fädeln Sie die lose Part durch die Bucht und ziehen Sie den Knoten fest.

Gaffeltoppsegel-Fallstek

Bereits der Name dieses Knotens weckt die Vorstellung von stürmischer See und spritzender Gischt. Er stammt noch aus den Zeiten der großen Seefahrer, als es noch hölzerne Schiffe mit geteertem Tauwerk und großen, schweren Segeln aus Leinwand gab. Dieser Knoten hält im rechten Winkel zum Befestigungspunkt starken Zug aus.

1 Bringen Sie die Leine von hinten um den Befestigungspunkt.

2 Beenden Sie den Rundtörn und bringen Sie die lose Part wieder nach hinten.

3 Bringen Sie die lose Part wieder nach vorne und legen Sie sie unter die feste Part.

4 Fädeln Sie die lose Part unter die beiden Törns und ziehen Sie den Knoten fest.

Vibrationssicherer Stek

Dieser Knoten geht auf den amerikanischen Physiker Amory Bloch Lovins zurück, der ihn vor mehr als 20 Jahren entwickelte. Er ist für starke Ankerleinen gedacht, deren feste Part durch Vibration aufgrund der Windungen immer fester gezogen wird.

1 Legen Sie einen Törn von hinten um den Befestigungspunkt und bringen Sie die lose Part unter die feste Part.

2 Führen Sie einen weiteren Törn aus und bringen Sie die lose Part über die feste Part.

3 Fädeln Sie die lose Part unter den ersten Törn.

4 Legen Sie die lose Part über die feste Part und fädeln Sie sie in den zweiten Törn. Ziehen Sie den Knoten an beiden Enden zusammen.

Schmiegestek

1987 wurde dieser Knoten von Owen K. Nuttall aus West Yorkshire in England entwickelt. Er ist gerade für Befestigungen mittels Leinen aus synthetischen Materialien gut geeignet, da seine besonderen Törns und Windungen ein Durchrutschen weitgehend verhindern.

1 Machen Sie einen Rundtörn um den Befestigungspunkt und legen Sie die lose Part über die feste Part.

2 Machen Sie einen zweiten Rundtörn.

3 Fädeln Sie die lose Part über die feste Part und unter sich selbst hindurch.

4 Legen Sie die lose Part nochmals um den Befestigungspunkt.

5 Fädeln Sie die lose Part unter der festen Part hindurch und ziehen Sie den Knoten fest.

Spierenstek

Durch mehrere aufeinander folgende Törns und eine leichte abschließende Sicherung ist dieser Knoten stabil und zuverlässig. Er kann schnell ausgeführt werden und ist in mehrere Richtungen belastbar. Gut geeignet ist er z. B. zur provisorischen Befestigung der Groß- schot einer Jolle am Baum. Der Spierenstek ist sowohl im trockenen als auch im nassen Zustand von guter Haltbarkeit.

1 Führen Sie die lose Part diagonal über den Befestigungspunkt.

2 Machen Sie einen Törn und bringen Sie die lose Part nach oben.

3 Führen Sie die lose Part diagonal über die feste Part.

4 Machen Sie einen zweiten Törn.

5 Bringen Sie die lose Part nach oben.

6 Bringen Sie die lose Part nach hinten zwischen die beiden Törns um den Befestigungspunkt.

7 Legen Sie die lose Part über Kreuz über die stehende und den vorherigen Törn.

8 Führen Sie die lose Part nochmals um den Befestigungspunkt und über sich selbst.

9 Fädeln Sie die lose Part unter den danebenliegenden Törn. Ziehen Sie den Knoten zusammen.

Zimmermannsstek und Balkenstek

Dieser Knoten wird hauptsächlich zum Rücken von gefällten Bäumen im Wald verwendet. Damit können jedoch auch andere Gegenstände befestigt werden, die über unwegsames Gelände oder durch das Wasser gezogen werden sollen. Beim Befestigen von langem Transportgut wie z. B. Gerüstteilen oder einem Flaggenmast wird der Zimmermannsstek zusätzlich mit einem halben Schlag stabilisiert. Bei dieser Verwendung wird er als Balkenstek bezeichnet. In der Fischerei wird dieser Knoten zur vorübergehenden Befestigung von Booten, Ankerbojen oder Hummerfallen eingesetzt.

1 Legen Sie die Leine von hinten um das Transportgut.

2 Legen Sie die lose Part um die feste Part zu einem Auge.

3 Führen Sie die lose Part unter die feste Part des Auges.

4 Schlagen Sie 2–3 Törns um die feste Part.

5 Die feste Part kann nun ganz leicht im Auge hin- und hergezogen werden.

6 Ziehen Sie den Stek an der festen Part zusammen. So erhalten Sie den Zimmermannsstek.

7 Legen Sie mit der festen Part (die somit zur losen Part wird) einen halben Schlag um das Transportgut. So erhalten Sie den Balkenstek.

8 Der halbe Schlag kann in einer Entfernung von bis zu 1 Meter vom Basisknoten am Transportgut geschlagen werden.

Klammernde Klara

Dieser Knoten wurde 1989 von Harry Asher entwickelt. Damit kann eine dünne Leine an einer dickeren befestigt werden, die dann einer Belastung in Längsrichtung ausgesetzt wird. Der Zug greift seitlich, rechts oder links, je nach Positionierung des Knotens, an der festen Part an. Die lose Part sollte großzügig lang sein.

1 Schlagen Sie mit der dünnen Leine in Richtung der Kardeele einen Törn um die dicke Leine.

2 Bringen Sie das Ende zurück zur festen Part.

3 Führen Sie die lose Part unter die feste Part, darüber zurück und weiter unter sich selbst.

4 Fädeln Sie die lose Part in den ersten Törn.

Leichter-Stek

Im Londoner Hafenverkehr wurde dieser Knoten gerne zum Anhängen von Leichtern benutzt. Er hält selbst dem Zug eines Ozeanriesen oder dem Gewicht eines großen Zeltes stand, weshalb er ebenso im Gerüstbau, im Zirkus und im Theater eingesetzt wird. Er zieht sich niemals unlösbar fest zu und ist daher stets leicht und zügig zu öffnen.

1 Schlagen Sie das lose Ende des Schlepptaus um den Befestigungspunkt (Pflock oder Poller).

2 Machen Sie einen Rundtörn und stellen Sie die lose Part dabei auf eine großzügige Länge ein.

3 Führen Sie die lose Part als Bucht unter der festen Part hindurch.

4 Legen Sie die Bucht um den Pflock.

5 Holen Sie die lose Part über die feste Part nach vorne, sodass sich ein Auge bildet.

6 Legen Sie die lose Part erneut um den Pflock. Achten Sie darauf, dass die lose Part ausreichend lang ist.

Knute-Stek

Vermutlich ist dieser Knoten schon sehr alt. Seinen Namen erhielt er 1990 durch den amerikanischen Takelmeister Brion Toss. Er ist geeignet, um kleinere Gegenstände an Bändchen oder dünnen Leinen zu befestigen.

1 Legen Sie die lose Part eines Bändsels zu einer Bucht.

2 Führen Sie die Bucht durch die Befestigungsöse des Gegenstands.

3 Knüpfen Sie einen Stopperknoten an das Ende des Bändsels, fädeln Sie diesen durch die Bucht und ziehen Sie den Knoten fest.

Pfahlstek

Oft wird der Pfahlstek nicht als echter Knoten betrachtet. Er ist jedoch einfach und schnell auszuführen, z. B. zum Anlegen von Sperrleinen auf Bau- oder Unglücksstellen. Gäbe es nur einen einzigen Knoten auf der Welt, so der Knotenexperte John Smith von der *International Guild of Knot Tyers*, dann müsste es wohl der Pfahlstek sein. Er ist – in leicht veränderter Form – für alle möglichen Zwecke einsetzbar.

1 Formen Sie eine Leine zur Bucht und legen Sie diese um den Befestigungspunkt, z. B. einen Pfosten.

2 Führen Sie die Bucht nach vorne über die beiden Parten und stülpen Sie die Bucht über den Pfosten. Ziehen Sie den Knoten fest.

Doppelter Pfahlstek

John Smith schlägt diesen Knoten als Alternative zum Stopperstek vor. Er ist gut geeignet bei Belastungen in Längsrichtung.

1 Formen Sie eine Leine zu einer Bucht.

2 Führen Sie die Bucht um den Pfosten.

3 Schlagen Sie die Bucht in einem Törn um den Pfosten.

4 Schlagen Sie einen weiteren Törn um den Pfosten.

5 Führen Sie die Bucht über die Törns und stülpen Sie sie über den Pfosten. Der Knoten kann an einer oder an beiden festen Parten belastet werden.

Eiszapfenstek

Als Erweiterung des doppelten Pfahlsteks stellte John Smith 1990 diesen Knoten vor. Auf der Generalversammlung der *International Guild of Knot Tyers* befestigte er sich selbst mittels dieses Knotens an einem Marlspieker, mit der Spitze nach unten. Er zeigte dadurch, dass dieser Knoten bei sorgfältiger Ausführung sogar auf einem sehr glatten Untergrund hohe Lasten auszuhalten vermag.

1 Legen Sie die lose Part einer Leine von vorne nach hinten um den Befestigungspunkt.

2 Schlagen Sie einen Rundtörn entgegen der Zugrichtung.

3 Schlagen Sie ca. 4 oder mehr (je nach Belastung) weitere Törns in die gleiche Richtung.

4 Führen Sie die lose Part neben die stehende Part über die Spiere und lassen Sie eine größere Bucht nach unten hin hängen.

5 Führen Sie die Bucht nach oben und stülpen Sie sie über die Spiere. Ziehen Sie den Knoten an beiden Leinenenden fest. Wenn es sich um einen konisch zulaufenden Befestigungsgrund handelt, dürfen sich die letzten beiden Törns an der dickeren Stelle nicht trennen. Sollte dies dennoch der Fall sein, müssen noch weitere Rundtörns ausgeführt werden.

Packschlingenstek

Mit diesem geschlossenen Stropp kann ein Sack, ein Fass o. Ä. umschlungen und transportiert werden. Zur Befestigung an einem Kran kann aus der Schlinge eine Katzenpfote gebildet werden, mit der die Last an den Kranhaken gehängt wird.

1 Legen Sie die Schlinge unter die Last.

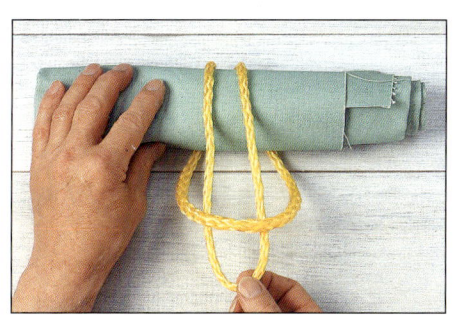

2 Fädeln Sie eine Bucht in die andere.

3 Zum Festziehen heben Sie die Last an, zum Lösen setzen Sie sie wieder ab.

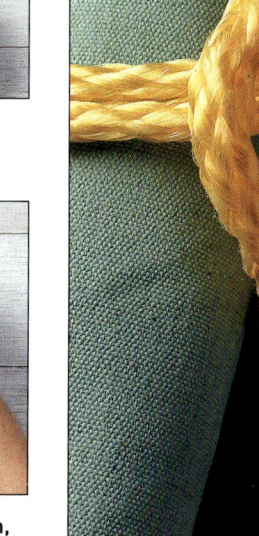

Ringstek

Mit diesem Knoten können kleine Gegenstände an einem Bändsel befestigt werden. Ein geschlossenes Bändsel muss über ein Auge von ausreichender Größe verfügen, damit es über den Gegenstand gezogen werden kann.

1 Legen Sie eine Leine zu einer Bucht und stecken Sie diese durch das Auge des zu befestigenden Gegenstandes.

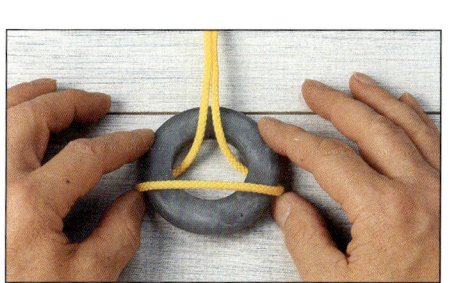

2 Öffnen Sie die Bucht und schieben Sie sie über den Gegenstand.

3 Ziehen Sie den Stek an den festen Parten zu.

Katzenpfote/Kurze Trompete

Diese Schlinge ist zum Heben schwerer Lasten gut geeignet und wird daher gerne im Hafen mit dicken Tauen eingesetzt. Auch unter Anglern ist sie sehr beliebt, jedoch werden in diesem Anwendungsbereich dann eher dünne Leinen verwendet. Die Doppelschlinge verringert die Rutschgefahr der Last am Haken. Wird die Katzenpfote sehr eng gewunden, ist sie besonders sicher und zuverlässig. Sollte eine der Parten reißen, nehmen die anderen das Gewicht auf, ohne dass die Ladung herabstürzt.

1 Doppeln Sie die Leine oder legen Sie eine Bucht.

2 Biegen Sie die Bucht auf die beiden Parten und formen Sie zwei Augen.

3 Winden Sie die beiden Augen in entgegengesetzte Richtungen.

4 Winden Sie jede Seite mindestens 3- oder 4-mal.

5 Hängen Sie beide Augen an den Haken.

6 Ziehen Sie an den festen Parten, um die Schlinge auszurichten und die Windungen an den Haken zu rücken.

Ankerstek

An dünnen, glatten und nassen Leinen sowie an Ringen oder Haken ist dieser Knoten sicherer als der Rundtörn mit zwei halben Schlägen. Oft wird er durch einen zusätzlichen halben Schlag gesichert. Der Knoten ist gut geeignet zum Anschlagen einer Leine an einen Ankerring. Er wird ebenso Roringstek oder Fischerstek genannt.

1 Führen Sie die feste Part einer Leine durch den Ring.

2 Schlagen Sie einen Rundtörn um den Ring.

3 Legen Sie die lose Part vorne über die stehende Part und fädeln Sie sie durch die Rundtörns.

4 Legen Sie einen halben Schlag um die feste Part. Ziehen Sie den Knoten dann fest.

Ankerstek-Variante

Dieser Ankerstek besteht lediglich aus Rundtörns und ist besonders anschmiegsam, fest und sicher. Seine Urheberschaft ist unbekannt. Der Knoten wurde 1904 erstmals veröffentlicht.

1 Stecken Sie die lose Part einer Leine durch den Ring.

2 Schlagen Sie einen Rundtörn.

3 Bringen Sie die lose Part über die feste Part und stecken Sie sie durch die Törns.

4 Fädeln Sie die lose Part ein weiteres Mal durch die Törns und ziehen Sie den Knoten fest.

Halfterstek

Auch dieser Knoten kann, ähnlich wie der Räuberstek, zum Anbinden von Tieren verwendet werden. Bei Pferden ist jedoch Vorsicht geboten. Sie könnten am Knoten knabbern und ihn so lösen.

1 Legen Sie die lose Part einer Leine um den Befestigungspunkt, die feste Part nach oben.

2 Bringen Sie die lose Part hinter die feste und bilden Sie so ein zweites Auge.

3 Ziehen Sie die lose Part buchtförmig in das Auge.

4 Fädeln Sie die lose Part in die Bucht und ziehen Sie den Stek zusammen.

Halber Blutknoten

Angler befestigen mit diesem Knoten gerne ihre Haken, Köder oder Wirbel. Die Windungen dieses Knotens werden mit einem Zug an der festen Part zu engen Törns.

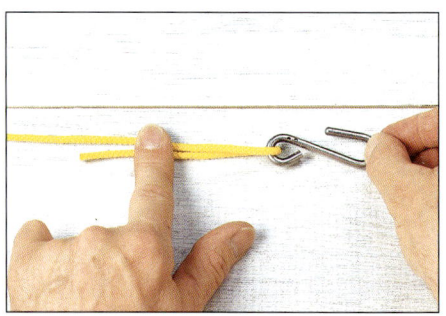

1 Führen Sie die Leine um den Befestigungspunkt.

2 Verdrehen Sie die beiden Parten miteinander.

3 Führen Sie noch weitere Windungen aus und halten Sie die beiden Parten unter Spannung.

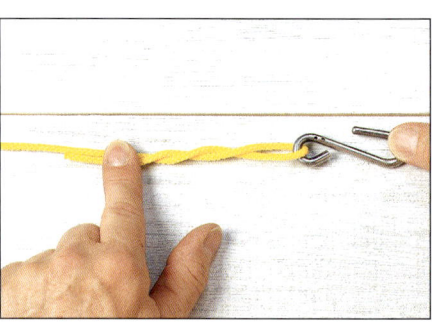

4 Verdrehen Sie die Parten 5-bis 6-mal gegeneinander.

5 Bringen Sie die lose Part zurück an den Anfang und fädeln Sie sie durch das Auge.

Tidenstek

Dieser Knoten dient dem Festmachen von Booten in Tiedengewässern, deren Lage von der Höhe des Meeresspiegels abhängig ist. Die Länge der Leine kann sich durch die Beschaffenheit des Knotens dem Wasserstand anpassen. Der Tidenstek ist schnell und leicht lösbar.

1 Führen Sie die lose Part um den Befestigungspunkt.

2 Legen Sie die lose Part zu einem Unterhandauge auf die feste Part.

3 Formen Sie eine Bucht.

4 Führen Sie die Bucht als Slipstek unter die feste Part und ziehen Sie den Knoten fest.

Palomar-Knoten

Ein stabiler Knoten von hoher Haltbarkeit (95–100%). Er ist unter Anglern weit verbreitet und wird dann immer gerne verwendet, wenn ein Haken, Köder, Sinken oder Wirbel sicher und haltbar an einer Leine befestigt werden soll.

1 Legen Sie eine Leine zu einer Bucht und führen Sie diese durch ein Auge oder durch einen Ring.

2 Legen Sie die Bucht zu einem Überhandauge.

3 Fädeln Sie die Bucht durch das Auge.

4 Stecken Sie den Ring durch das Auge.

5 Klappen Sie die Bucht nach hinten über den gesamten Knoten.

Jansik-Spezialknoten

Auch dieser Knoten ist besonders kräftig und von Anglern wegen seiner Haltbarkeit (95–100%) für Verbindungen einer Leine mit einem Haken oder einem Wirbel hoch geschätzt. Die doppelten Törns geben ihm besondere Zugkraft und die Windungen um die Törns machen ihn sicher und zuverlässig. Verwenden Sie zum Üben dieses Knotens eine dickere Leine.

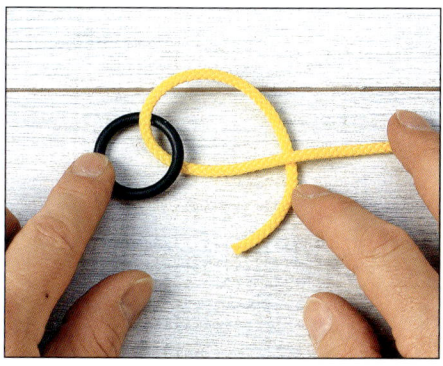

1 Führen Sie das lose Ende durch den Ring und unter die feste Part.

2 Machen Sie einen Rundtörn.

3 Bringen Sie die lose Part erneut unter die stehende Part.

4 Fädeln Sie die lose Part von vorne durch die Törns.

5 Ordnen Sie die Leine und machen Sie mehrere Törns durch die Augen.

6 Nach 3 oder 4 Törns wird der Knoten langsam festgezogen.

Turle-Knoten

Dieser Knoten wurde durch den
englischen Major Turle bekannt.
Er ist für die Befestigung von
leichteren Gegenständen mit
Befestigungsöse gut geeignet. Von
manchen Benutzern wird er irr-
tümlicherweise „Schildkröten-
knoten" (von engl. *turtle*) genannt.

1 Fädeln Sie die Leine durch die Öse.

2 Legen Sie die lose Part um den Schaft
und formen Sie ein Auge über die feste
Part.

3 Bringen Sie die Leine unter die feste
Part und formen Sie ein zweites Auge
unter der festen Part.

4 Knüpfen Sie zum Schluss einen Überhandknoten und ziehen Sie den Knoten
zusammen.

Liebesknoten

Ein schwacher Anglerknoten (50–70%), der zur Befestigung von Ködern benutzt wird.

1 Knüpfen Sie einen Überhandknoten und fädeln Sie die lose Part durch den Ring oder die Öse.

2 Führen Sie das Ende der losen Part durch den Überhandknoten, parallel zur festen Part.

3 Regulieren Sie die Größe des Auges. Lassen Sie dem Köder ruhig etwas Spielraum.

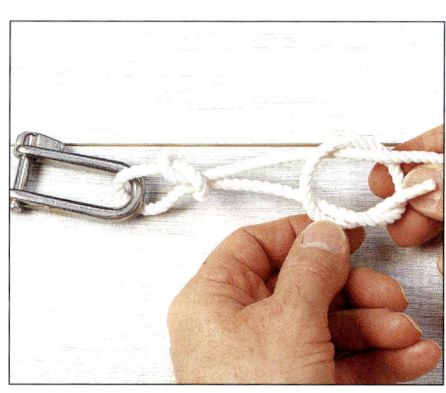

4 Knüpfen Sie mit der losen Part einen weiteren Überhandknoten um die feste Part.

5 Schieben Sie den zweiten Überhandknoten dicht an den ersten und ziehen Sie den Knoten fest.

Verschiedene Knoten

„AM MORGEN LAG ER GERNE IM BETT UND MACHTE KNOTEN MIT EINER KORDEL, DIE ER NEBEN SICH LIEGEN HATTE."
(Mervyn Peake – **Gormenghast**, 1950)

Der Begriff „Knoten" hat eine spezifische Bedeutung. Allgemein versteht man darunter jede Art von Verbindung von Leinen und anderen Schnüren oder Tauwerk, unabhängig von Material der Leinen und Größe der festzubindenden Gegenstände. Im engeren Sinne sind damit jedoch nur Verknüpfungen gemeint, bei denen es sich nicht um Verbindungs- oder Festmacherknoten handelt, wie z. B. Stopperknoten, Verkürzungssteke, Schlingen, Flechtknoten oder Gleit- und Greifknoten. Stopperknoten verhindern, dass sich eine Leine aufdröselt, wenn ihre Enden nicht sofort mit einem Takling versehen werden können, ihre primäre Funktion ist jedoch, eine Leine in einem Rollblock o. Ä. zu sichern. Verkürzungssteke werden zeitlich begrenzt eingesetzt; durch sie kann man das Einkürzen einer Leine vermeiden, die zu einem späteren Zeitpunkt nochmals verwendet werden soll. Schlingen können fest oder beweglich sein, Flechtknoten werden oft als Notbehelf für Zeising und Lasching eingesetzt und Gleit- und Greifknoten leisten gute Dienste zum Auffangen von plötzlich auftretenden Belastungen.

Austernfischer-Stopperknoten (Ashley's Stopperknoten)

Ein Überhandknoten oder ein Acht-knoten wird unter Last durch ein Auge oder eine Öse von der glei-chen Größe hindurchrutschen. Um das zu verhindern, ist dieser di-ckere Stopperknoten gut geeignet. Er wurde 1910 durch den amerika-nischen Knotenexperten Clifford Ashley entwickelt. Auf einem Aus-ternfischerboot hatte Ashley einen dicken Knoten gesehen, der sich nach näherer Untersuchung als auf-gequollener Achtknoten entpuppte. Mittlerweile ist dieser Stopperkno-ten ein echter Klassiker geworden.

1 Legen Sie die feste Part einer Leine zu einem Überhandauge.

2 Bringen Sie die feste Part unter das Auge.

3 Ziehen Sie die feste Part als Bucht durch das Auge und ziehen Sie den Knoten fest.

4 Bringen Sie die lose Part von unten in die Bucht und ziehen Sie den Knoten an dem festen Part zusammen.

Achtknoten

Jollensegler verwenden diesen Knoten gerne zur Sicherung von Leitösen und an der Großschot. Sein Vorteil besteht darin, dass er einfach und schnell auszuführen ist. Im Vergleich zum Überhandknoten ist der Achtknoten außerdem dicker und lässt sich leichter lösen. Durch Augen und Ösen vom gleichen Durchmesser wird er hindurchrutschen. Die Form dieses bekannten Knotens war lange Zeit ein Symbol für Treue und Liebe.

1 Legen Sie die lose Part einer Leine zu einer Bucht und bilden Sie durch Verdrehen um 180° ein Auge.

2 Verdrehen Sie das Auge noch einmal in dieselbe Richtung. So entsteht die typische Achtform.

3 Ziehen Sie die lose Part durch das erste Auge.

4 Ziehen Sie die lose Part vollständig durch das Auge. Holen Sie den Knoten an beiden Enden durch.

Schauermannsknoten

Bevor sich die Container durch-setzten, wurde die Schiffsfracht in den Häfen von Stauern verladen und gelöscht. Dafür verwendeten sie Leinen und einfache Seilrollen, die mithilfe dieses Knotens gesi-chert wurden.

1 Legen Sie die lose Part einer Leine zu einer Bucht.

2 Verdrehen Sie die Bucht um 180°.

3 Verdrehen Sie die Bucht ein weiteres Mal in dieselbe Richtung.

4 Verdrehen Sie die Bucht insgesamt 4-mal.

5 Führen Sie die lose Part von hinten in das Auge und ziehen Sie den Knoten fest.

Kreuzungsknoten

In Knotenbüchern wird dieser Knoten nur selten erwähnt. Er ist verblüffend einfach, bietet jedoch auch keine besondere Sicherheit. Er wird gerne zum Packen von Paketen oder zur Befestigung von Absperrleinen verwendet. Außerdem stellt er den Anfang des Geschirrknotens dar.

1 Kreuzen Sie zwei Leinen im rechten Winkel zueinander.

2 Führen Sie die lose Part um die Leine.

3 Bringen Sie die lose Part über die feste Part.

4 Führen Sie die lose Part unter der anderen Leine hindurch. Halten Sie stets etwas Spannung, da sich die Kreuzung sonst auflöst.

Prusik-Knoten

Der österreichische Bergsteiger und Musikprofessor Dr. Karl Prusik entwickelte diesen Knoten während des Ersten Weltkriegs, um die gerissenen Saiten verschiedener Instrumente zu reparieren. Später empfahl er ihn als Knoten zur Selbstrettung für alpine Bergsteiger. Unter Zug nach unten blockiert dieser Knoten, lässt der Zug wieder nach, lockert er sich und kann nach oben geschoben werden. Der ursprüngliche Knoten wurde durch verschiedene Gleit- und Greifknoten ersetzt, die mittlerweile alle Prusik-Knoten genannt werden.

1 Formen Sie eine Bucht und legen Sie sie auf ein Kletterseil.

2 Legen Sie die Bucht unter das Kletterseil.

3 Führen Sie die festen Parten durch die Bucht.

4 Legen Sie die Bucht nochmals um das Seil.

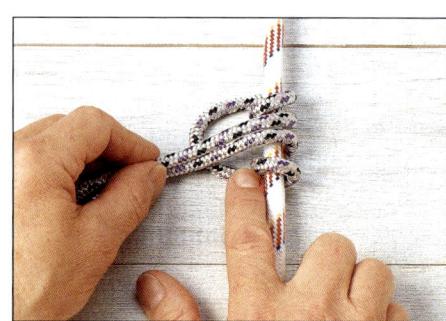

5 Führen Sie die Bucht ganz um das Seil herum.

6 Stecken Sie die festen Parten nochmals durch diese Bucht und ziehen Sie den Knoten fest.

Doppelter Prusik-Knoten

Durch eine oder zwei weitere Windungen bietet der Prusik-Knoten noch mehr Rutschsicherheit, was unter extremen Nutzungsbedingungen wie Kälte, Nässe oder Schlamm sinnvoll sein kann. Paarweise ausgeführt, wodurch eine wechselnde Belastung möglich ist, kann man sich mit seiner Hilfe an einem dickeren Kletterseil emporarbeiten. Werden die Schritte 1 bis 3 wiederholt, entsteht ein dreifacher Prusik-Knoten.

1 Binden Sie einen Prusik-Knoten und ziehen Sie die Bucht in die Länge.

2 Winden Sie die Bucht ...

3 ... nochmals um das Seil.

4 Stecken Sie die festen Parten durch die Bucht. Es wurden insgesamt 6 Törns um das Kletterseil gelegt.

Bachmann-Knoten

Dieser Knoten ist in Verbindung mit Karabinern gut anzuwenden. Er ist der älteste unter den sogenannten halbmechanischen Knoten, die gerne mit Teilen der Kletterausrüstung verwendet werden. Er wurde von Franz Bachmann entwickelt und eignet sich ausgezeichnet als Aufstiegshilfe.

1 Legen Sie eine Leine zu einer Bucht.

2 Bringen Sie die Bucht unter das Kletterseil und klinken Sie die Bucht in den Karabiner.

3 Winden Sie einen Törn um das Kletterseil und den Karabiner.

4 Winden Sie weitere Törns und befestigen Sie den Karabiner damit fest am Seil.

5 Füllen Sie den Karabiner mit Törns, aber machen Sie ihn nicht zu voll.

Klemheist-Knoten

Auch dieser einfach zu knüpfende Knoten kann mit einem Karabiner ausgeführt werden. Dadurch wird es wesentlich einfacher, ihn beim Klettern zu verschieben. Je höher die Anzahl an Umwicklungen, desto stärker ist das Klemmverhalten. Die Umwicklungen müssen sauber gelegt werden, da sich die Klemmwirkung sonst reduziert.

1 Bilden Sie eine Bucht und legen Sie diese unter das Kletterseil.

2 Winden Sie die Bucht um das Seil.

3 Winden Sie die Bucht in weiteren Törns um das Seil und bewegen Sie sich dabei aufwärts.

4 Achten Sie darauf, dass die Parten der Bucht parallel liegen.

5 Legen Sie die Leine in 4 bis 5 Törns um das Seil.

6 Ordnen Sie die Törns und bringen Sie die Bucht nach unten zu den festen Parten.

7 Ziehen Sie die festen Parten durch die Bucht und holen Sie den Knoten dicht.

Mariner-Knoten

Der österreichische Alpinist und Erfinder Sebastian Mariner, ein Pionier der Bergrettung, entwickelte diesen Knoten, um das Gewicht eines Kletterers bei einem eventuellen Sturz von der Sicherungsvorrichtung abzufangen. Er wird in einen Gurt geknüpft und kann unter Last gelöst werden.

1 Legen Sie einen Gurt zu einer Bucht und führen Sie ihn in den Karabiner.

2 Legen Sie die Bucht über die breite Seite des Karabiners.

3 Schlagen Sie einen Törn.

4 Bringen Sie das Ende der Bucht über ihre feste Part.

5 Winden Sie die lose Part um die feste Part.

6 Schlagen Sie insgesamt 4 Törns um die feste Part.

7 Zum Schluss stecken Sie die lose Part zwischen die Gurte der festen Part.

Penberthy-Knoten

Auch als Schraubenknoten der Höhlenforscher bekannt, wurde dieser Knoten 1969 von Larry Penberthy und Dirk Mitchell entwickelt. Er ist nicht einfach anzufertigen und kann beim Knüpfen zum Straffen der Leine mit einem Karabiner beschwert werden. Die Anzahl an Törns sowie ihre Festigkeit sollten dem Gewicht des Benutzers angepasst werden. Zu locker gewundene Törns lassen den Knoten rutschen, zu feste Törns machen es schwierig, ihn zu verschieben. Larry Penberthy gründete die *Mountain Safety Research (MSR)*, die zahlreiche hochwertige Ausrüstungsgegenstände für den alpinen Bergsport entwickelt und vertreibt.

1 Stimmen Sie Leine und Kletterseil in der Stärke aufeinander ab.

2 Legen Sie einen Törn um das Seil.

3 Legen Sie einen weiteren Törn um das Seil.

4 Führen Sie insgesamt 5 bis 6 Törns aus.

5 Bilden Sie ein Überhandauge im oberen Bereich der Leine.

6 Fädeln Sie das untere Leinenende von unten durch dieses Auge.

7 Führen Sie dieses Leinenende nach oben und stecken Sie es unter das obere Ende.

8 Fädeln Sie dieses Leinenende durch das Auge.

Munter-Reibungsknoten

Beim Abseilen und Sichern ist dieser Knoten, der auch als Italienischer oder Gleitringknoten bekannt ist, eine wirkungsvolle Hilfe, insbesondere bei der Verwendung von Kern-Mantel-Tauwerk. Der Ruck eines Falls kann durch ihn abgedämpft werden. Er kann lose ausgeführt werden und zieht sich unter Reibung fest. Das Kletterseil wird zunächst durch den Karabiner gezogen und dann um ihn herumgelegt. Sollte der Kletterer ins Seil fallen, wird er durch Sperren des Seils gestoppt, ähnlich dem Sicherheitsgurt eines Autos. Beim Abseilen mithilfe dieses Knotens wird das Seil jedoch durch die Reibungswärme sehr stark erhitzt und strapaziert. Seine Entwicklung geht auf das Jahr 1974 zurück.

1 Suchen Sie einen Karabiner in passender Größe zum Kletterseil aus.

2 Legen Sie ein Auge in das Kletterseil.

3 Öffnen Sie den Karabiner ...

4 ... und legen Sie das Seil in den Karabiner.

5 Hängen Sie dabei das Kletterseil mit ein. Der Karabiner greift von hinten nach vorne in das Auge.

6 Genau betrachtet handelt es sich bei diesem Knoten um einen beweglichen Kreuzungsknoten. Auf der Abbildung links ist der Knoten von der Rückseite zu sehen.

Doppelter Munter-Reibungsknoten

Diese Variante des Munter-Reibungsknotens geht auf den kanadischen Bergsteiger Robert Chisnall zurück. Der doppelte Törn um den Karabiner erzeugt eine größere Reibung und ermöglicht dadurch eine bessere Kontrolle, was bei der Verwendung von dünneren Leinen vorteilhaft ist.

1 Suchen Sie einen Karabiner in passender Größe zum Kletterseil aus.

2 Legen Sie in das Seil ein doppeltes Auge.

3 Öffnen Sie den Karabiner und legen Sie das Seil von hinten nach vorne ein.

4 Hängen Sie den Karabiner in das doppelte Auge.

5 Durch den doppelten Törn entstehen im Vergleich zum Basisknoten eine stärkere Reibung und eine größere Belastbarkeit.

Munter-Maulesel

Der Knoten wird zum vorübergehenden Sichern bei der Bergrettung
verwendet. Er war bis vor kurzem
noch ein Newcomer, hat sich mittlerweile jedoch als „dritte Hand"
etabliert. Bevor er im Ernstfall eingesetzt wird, sollte man sich in ge-
fahrlosen Trainingssituationen damit vertraut machen. Von seinem
Aufbau her handelt es sich genau
betrachtet um einen dynamischen
Munter-Reibungsknoten, der durch
einen Slipstek stabilisiert wird. Gesichert wird dieser Knoten durch
einen halben Schlag. Ein großer
Vorteil besteht darin, dass er leicht
zu lösen ist, sogar unter Last.

1 Knüpfen Sie einen Munter-Reibungsknoten in einen Karabiner und legen Sie
die lose Part zu einer Bucht.

2 Bringen Sie die Bucht hinter die feste
Part.

3 Legen Sie die Bucht um die stehende Part
und stecken Sie sie von oben nach unten
durch das entstandene Auge.

4 Ziehen sie den Knoten um die feste Part
zu. Der Munter-Maulesel ist nun fertig.

5 Zur Sicherung führen Sie die Bucht von
vorne um die feste Part herum nach
hinten.

6 Stecken Sie die Bucht von oben in das
nun entstandene Auge und machen
Sie einen Überhandknoten mit beiden Parten.

Schafsknoten

Sollte ein Seil oder eine Leine unterwegs beschädigt werden, kann die schadhafte Stelle behelfsweise mithilfe des Schafsknotens überbrückt werden. Beschädigte Seile sollten jedoch nach Möglichkeit sobald wie möglich aussortiert werden.

1 Legen Sie die beiden Parten der Leine parallel zu zwei Buchten.

2 Knüpfen Sie in die feste Part einen Marlspiekerschlag, d. h. Sie ziehen das Auge über die feste Part.

3 Weben Sie die Bucht (über-unter-über) in die Parten des Auges.

4 Knüpfen Sie auf der anderen Seite einen weiteren Marlspiekerschlag.

5 Weben Sie auch diese Bucht (über-unter-über) in die Parten des Auges. Bringen Sie die Parten in der Mitte auf die gleiche Länge und ziehen Sie die Augen dann fest. Die schadhafte Part darf nicht belastet werden.

Heddon-Knoten

Dieser Knoten ist ebenso als Kreuz-Prusik-Knoten oder Kreuzklemm bekannt. Im Hinblick auf seine Effektivität ist er mit dem original Prusik-Knoten vergleichbar. Allerdings ist er schwerer lösbar. 1959 von Chet Heddon entwickelt, ist er hauptsächlich bei Bergsteigern bekannt. Er kann aber auch in anderen Bereichen eingesetzt werden und nicht nur in Leinen, sondern ebenso in Gurte geknüpft werden.

1 Legen Sie das Kletterseil einfach oder doppelt. Bilden Sie mit dem Gurt eine Bucht.

2 Legen Sie die Bucht hinter das Kletterseil.

3 Bringen Sie das andere Ende des Gurts nach vorne und legen Sie ihn um die Bucht und um das Seil.

4 Stecken Sie das Ende des Gurts durch die Bucht und ziehen Sie den Knoten fest.

Doppelter Heddon-Knoten

Durch den doppelten Törn erhält dieser Knoten eine andere Form und eine größere Reibung. Hierdurch können größere Kräfte aufgenommen werden. Jedoch ist es etwas schwieriger, diesen Knoten zu lockern.

1 Legen Sie das Kletterseil einfach oder doppelt. Formen Sie den Gurt zu einer Bucht und bringen Sie ihn hinter das Seil.

2 Bringen Sie das andere Ende des Gurts nach vorne und winden Sie es um Gurt und Seil.

3 Winden Sie den Gurt ein zweites Mal um Kletterseil und Bucht.

4 Stecken Sie das Ende des Gurts von hinten durch die Bucht.

Auslöseknoten für den Zug nach oben

Diese Verbesserung des Prusik-Knotens stammt von Robert Chisnall, der ihn 1980 entwickelte. Unter Zug ziehen sich die Törns um das Seil fest zu und machen den Knoten fest. Ein heftiger Ruck sorgt dafür, dass zunächst die oberen Törns und nach und nach die unteren zu gleiten beginnen. Er muss sehr sorgfältig ausgeführt werden. Nachlässig oder lose geknüpft rutscht die Leine durch.

1 Versehen Sie eine Leine an beiden Enden mit Achtknoten-Augen. Legen Sie ein Auge nach unten. Formen Sie mit dem anderen Ende ein Überhandauge und legen Sie die Leine über das Seil.

2 Schlagen Sie einen Törn um die Leine und durch das Auge.

3 Schlagen Sie einen weiteren Törn.

4 Schlagen Sie so viele Törns, wie sie zur Erzielung der erforderlichen Reibung notwendig sind. Ziehen Sie die Törns an dem unteren Ende fest zusammen.

Auslöseknoten für den Zug nach unten

Im Vergleich zum Prusik-Knoten bietet diese Version eine höhere Sicherheit. Auch wenn er nicht besonders sorgfältig gebunden wurde, ist er sehr effektiv. Jedoch neigt er dann dazu, sich unter Last auseinander zu ziehen. Um ihn rutschen zu lassen, muss an seinem Ende sehr fest gezogen werden. Ist er sorgfältig ausgeführt worden, kann er auch unter Last leicht gelöst werden.

1 Versehen Sie beide Leinenenden mit einem Achtknoten-Auge.

2 Formen Sie mit dem anderen Ende ein Überhandauge und legen Sie die Leine über das Seil.

3 Bringen Sie die lose Part hinter das Seil und die feste Part der Leine.

4 Stecken Sie die lose Part von vorne in das obere Auge und hinter das Kletterseil.

5 Schlagen Sie einen Törn um eine der Parten des Auges und um das Kletterseil.

6 Schlagen Sie auf dieselbe Weise so viele weitere Törns, wie für die nötige Reibung erforderlich sind.

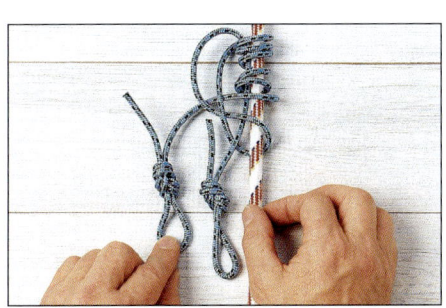

7 Stecken Sie das Arbeitsende durch das untere Auge und ziehen Sie den Knoten fest.

Französischer Prusik-Knoten gestreckt

Auch dieser Knoten wurde von Robert Chisnall entwickelt. Er geht auf das Jahr 1981 zurück. Vom Prinzip her handelt es sich um eine Art chinesische Fingerfalle, die sich unter Last zusammenzieht. Um den Knoten zu verschieben, nimmt man das obere Ende und zieht es nach unten. Dadurch verkürzt sich der Knoten, lässt im Griff locker und gleitet. Die Funktionsweise des Knotens besteht darin, dass er unter einer plötzlichen Belastung rutscht und schließlich greift. Gurt und Leine halten dabei die Last. Dadurch ist er ein idealer Knoten für den Bergsport, der mit einfacher oder mit doppelter Leine ausgeführt werden kann.

1 Legen Sie einen 25-mm-Gurt zu einer Bucht um ein Kletterseil.

2 Überkreuzen Sie die beiden Enden gegenläufig.

3 Bringen Sie die beiden Enden nach hinten.

4 Bringen Sie die beiden Enden wieder nach vorne.

5 Setzen Sie die Windungen in der gleichen Weise fort.

6 Halten Sie die Abstände so gering wie möglich.

7 Führen Sie 8 bis 10 Windungen aus.

8 Binden Sie die Gurte am Ende zu Achtknoten-Augen. Sie sollen die Karabiner aufnehmen.

Chi-Fi-Knoten

Eine Variante des französischen Prusik-Knotens, die von den Bergsteigern Robert Chisnall und Jean-Marc Filion entwickelt wurde. Der Name dieses Knotens geht auf die Anfangsbuchstaben ihrer Nachnamen zurück. Er wird mit einer geschlossenen Schlinge ausgeführt. Der Knoten ist zum Abseilen gut geeignet und wird ebenso bei der Bergrettung verwendet. Die hierfür eingesetzte Gurtschlinge kann ca. 10- bis 12-mal verwendet werden. Danach sollte sie aus Sicherheitsgründen besser aussortiert werden. Dieser Gleit- und Greifknoten stammt aus dem Jahr 1989 und ist vielseitig einsetzbar.

1 Legen Sie einen Gurt hinter die Kletterleine und kreuzen Sie die beiden Parten vorne.

2 Führen Sie die Parten nach hinten und kreuzen Sie sie erneut.

3 Führen Sie in dieser Art weitere Windungen aus und halten Sie die Abstände möglichst gering.

4 Fahren Sie fort, bis der ganze Gurt um die Leine gewunden worden ist.

5 Rücken Sie die Windungen auf der Leine zurecht, bis sie mit den oberen Windungen zusammentreffen. Hängen Sie in die beiden verbleibenden Buchten einen Karabiner.

Quadrat-Knoten

Dieser Knoten ist als dekorativer Verschluss von Kleidern und Mänteln geeignet. Dafür können verschiedene Materialien verwendet werden, wie z. B. Gürtel, Schals oder Kordeln. Mit mehreren übereinander gesetzten Knoten dieser Art lassen sich dekorative Bänder herstellen, die von Bastlern auch Scoubidous genannt werden. Gleichfalls geläufige Namen sind Viehdiebknoten, Japanischer Kronen- oder Erfolgsknoten, ebenso Chinesischer Kreuzknoten oder Glücksknoten.

1 Legen Sie eine Leine zu einer Bucht und stecken Sie die andere Leine hindurch.

2 Legen Sie auch die zweite Leine zu einer Bucht und führen Sie die lose Part unter die erste Bucht.

3 Bringen Sie die zweite Leine über die erste Bucht zurück.

4 Legen Sie den losen Part der roten Leine über die neu entstandene Bucht. Fädeln Sie dieses Ende durch die erste Bucht der grünen Leine. Ziehen Sie den Knoten an allen vier Parten fest.

Diamantknoten

Ein schmuckvoller Zierknoten, der häufig um Lederbändel geknüpft wird. Er ist fester Bestandteil des Woodbadge-Abzeichens, einer hohen Auszeichnung unter Pfadfindern. Beim Bergsteigen findet dieser Knoten Verwendung, wenn aus Gründen des Natur- oder Landschaftsschutzes keine Klemmkeile verwendet werden dürfen. Der Knoten wird dabei in einen Felsriss oder eine -spalte gelegt, in der er unter Belastung verklemmt.

1 Legen Sie eine Leine auf die Hälfte und formen Sie eines der Enden zu einem Überhandauge.

2 Bringen Sie das andere Ende der Leine über dieses Auge.

3 Führen Sie dieses Arbeitsende unter die erste feste Part.

4 Flechten Sie diese lose Part linksherum über-unter-über-unter zu einem Trossenstek. Die beiden Enden kommen an den gegenüberliegenden Seiten heraus.

5 Bringen Sie das rechte obere Ende linksherum von unten durch die Mitte nach oben.

6 Bringen Sie das linke Ende linksherum über die Parten und stecken Sie es von unten nach oben durch die Mitte. Ziehen Sie den Knoten nach und nach zusammen.

Chinesischer Bändselknoten

Dieser reizvolle Knoten sieht schwieriger aus, als er tatsächlich ist. Seine unübliche quadratische Form und seine Struktur machen ihn zu einem reizvollen Dekorationselement, das die Mühe wert ist. Die chinesische Knotenexpertin Lydia Chen hat ihm den Namen Plafond-Knoten gegeben, weil er ebenso als Muster auf chinesischen Tempel- und Palastdächern wiederzufinden ist (*plafond* ist französisch und bedeutet „Zimmerdecke").

1 Legen Sie eine Leine auf die Hälfte und legen Sie eine Bucht.

2 Knüpfen Sie mit beiden Enden einen Überhandknoten.

3 Machen Sie einen weiteren Überhandknoten und bilden Sie so einen lockeren Altweiberknoten.

4 Binden Sie ca. 7 cm darunter einen weiteren Altweiberknoten.

5 Klappen Sie den unteren Altweiberknoten nach oben.

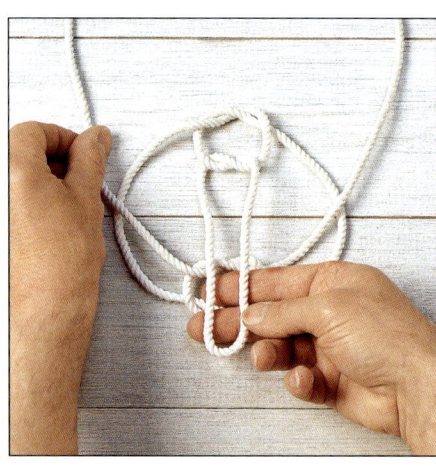

6 Klappen Sie den oberen Altweiberknoten nach unten.

7 Stecken Sie die Bucht vom Anfang zwischen die Querparten des unteren Knotens.

8 Stecken Sie das linke Arbeitsende zwischen den Querparten des oberen Altweiberknotens hindurch.

9 Wenden Sie den Knoten und ziehen Sie die linke lose Part ganz heraus.

10 Stecken Sie die linke lose Part durch den oberen Altweiberknoten. Ziehen Sie den Knoten langsam zusammen.

Glücksknoten

Dieser robuste Knoten ist leicht auszuführen und hat ein beeindruckendes Aussehen. Er kann vielfältig als Dekoration eingesetzt werden, z. B. als Schmuckknoten auf einer Geschenkverpackung, als Schlüsselanhänger oder als Zierelement an einem Gürtel. Verwenden Sie dafür am besten eine geschlagene Baumwollkordel aus weichem Material.

1 Legen Sie eine Kordel auf die Hälfte und formen Sie eine Bucht.

2 Formen Sie mit der linken Part eine weitere Bucht.

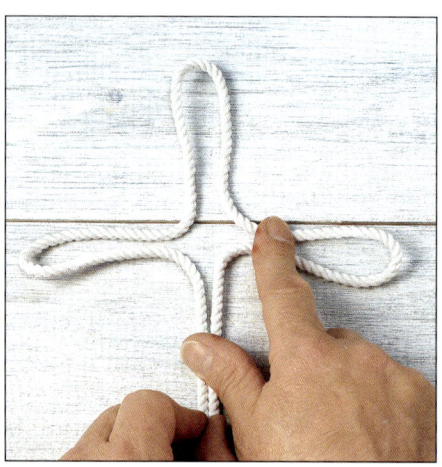

3 Legen Sie auch in die rechte Part eine Bucht.

4 Bringen Sie die beiden festen Parten über die linke Bucht.

5 Klappen Sie die linke Bucht über die festen Parten sowie über die obere Bucht.

6 Bringen Sie die obere Bucht über die beiden rechten Buchten.

7 Legen Sie die rechte Bucht über die von oben kommende Bucht und fädeln Sie sie in die danebenliegende Bucht.

8 Ziehen Sie den Knoten vorsichtig zusammen.

9 Holen Sie die linke Bucht nach unten und klappen Sie die untere Bucht darüber.

10 Klappen Sie die rechte Bucht über die zuletzt bewegte Bucht.

11 Legen Sie die beiden festen Parten auf die zuletzt bewegte Bucht und fädeln Sie diese unter die Parten der Bucht, die rechts zu liegen kommt. Ziehen Sie auch diesen Knoten über dem vorherigen fest.

Chinesischer Knopf

Dieser klassische Knopfknoten kann als Verschluss oder dekoratives Element beispielsweise an eine Tasche oder einen Beutel genäht werden. Als Verschlüsse sind Buchten aus Kordeln zu empfehlen, da Knotenknöpfe für reguläre Knopflöcher meistens zu groß sind. Verwenden Sie dafür am besten eine Baumwollkordel oder -leine aus weichem Material. Wenn Sie eine steife Leine einsetzen, bietet es sich an, den Knoten eher flach zu halten und daraus Verzierungselemente herzustellen.

1 Legen Sie ein schönes Stück Leine auf die Hälfte.

2 Legen Sie mit einem Ende ein Überhandauge.

3 Führen Sie das Leinenende hinter das Auge.

4 Führen Sie das andere Ende von links nach rechts unter-über-unter-über durch die Augen. Halten Sie die Knotenarbeit gut zusammen, da der Knoten noch nicht zusammengehalten wird.

5 Fädeln Sie das Arbeitsende wie im Bild von unten durch den Knoten.

Ziehen Sie diese Part beim Dichtholen etwas heraus

6 Bringen Sie das Geflecht in eine symmetrische Ordnung. Ziehen Sie den Knoten langsam zusammen. Die Part in der Mitte muss dabei etwas herausgezogen werden.

Chinesischer Knopf gedoppelt

Der chinesische Knopfknoten wird oft gedoppelt ausgeführt, wodurch er an Masse gewinnt. Beim Festziehen braucht hierbei nicht an der mittleren Part gezogen werden, da der Knoten durch die darunter befindlichen Parten gestützt wird.

1 Knüpfen Sie einen einfachen Chinesischen Knopf bis zu Bild 6 und legen Sie die beiden losen Parten aneinander.

2 Folgen Sie mit einem Leinenende mehrmals dem Verlauf.

3 Folgen Sie dem Verlauf ebenfalls mit dem anderen Ende.

4 Fahren Sie fort, bis alle Parten doppelt liegen.

5 Stecken Sie die Enden durch die Mitte und ziehen Sie den Knoten vorsichtig zusammen.

Aufgeschossener Bunsch mit Kreuzknoten

Diese Art, einen Bunsch aufzu-
schießen und mit einem Kreuzknoten zu sichern, ist schnell und
einfach. Sie ist gut geeignet für
Leinen sowie auch für Seile und
lässt sich schnell lösen. Auf diese
Weise aufgeschossen, lassen sich
Leinen und Seile gut verwahren
oder transportieren.

1 Knüpfen Sie mit den beiden Enden des
Bunsches einen Überhandknoten.

2 Knüpfen Sie einen weiteren Überhandknoten und fertigen Sie so einen Kreuzknoten an.

3 Wickeln Sie die beiden Enden spiralför-
mig vom Knoten weg um den Bunsch.

4 Knüpfen Sie die beiden Enden zu
einem Überhandknoten.

5 Fertigen Sie einen weiteren Überhandknoten und somit einen Kreuzknoten an.

Alpiner Bunsch

Diese Bunschsicherung für einen sicheren Transport wird vorwiegend von Bergsteigern und Höhlenforschern verwendet.

1 Legen Sie die Enden der Leine übereinander.

2 Formen Sie mit einem Leinenende eine Bucht von ca. 20 cm Länge.

3 Schlagen Sie mit dem anderen Ende einen Törn um Bunsch und Bucht.

4 Befestigen Sie den ersten Törn mit einem zweiten.

5 Schlagen Sie weitere dichte Törns um Bunsch und Bucht.

6 Schlagen Sie 6 Törns, führen Sie das Ende durch die Bucht und ziehen Sie fest.

Achtförmiger Bunsch

Die Leine wird hierbei doppelt aufgeschossen. Dabei entsteht ein fester Bunsch, der an der Bucht aufgehängt werden kann. Auch zum Transport ist diese Art des Aufschießens gut geeignet. Bei Bedarf kann die Leine schnell und leicht gelöst werden.

1 Die Leine auf die Mitte legen und doppelt aufschießen.

2 Legen Sie die Bucht über den Bunsch und bilden Sie so ein Auge.

3 Legen Sie die Bucht hinten um den Bunsch herum.

4 Führen Sie die Bucht nach vorne und stecken Sie diese durch die Bucht des gesamten Bunsches. An dieser Bucht kann der Bunsch aufgehängt werden.

Feuerwehr-Bunsch

Diese Art des Bunschaufschießens ist sehr einfach und praktisch. Damit können verschiedenste Leinen und Seile zur Verwahrung oder zum Transport vorbereitet werden.

1 Bringen Sie die Seilenden dicht aneinander.

2 Legen Sie ein Seilende zu einem Überhandauge.

3 Bringen Sie die lose Part hinter den Bunsch und bilden Sie eine Bucht.

4 Stecken Sie die Bucht von hinten durch das Auge und ziehen Sie es zusammen. Hängen Sie den Bunsch am Auge auf.

Flecht- und Schnür- knoten

„ICH KÖNNTE MEIN LEBEN FÜR MEINEN FREUND GEBEN, ABER ER SOLLTE NICHT VON MIR VERLANGEN, EIN PAKET ZU VERSCHNÜREN."
(Logan Pearsall Smith, 1865–1946)

Man unterscheidet im Wesentlichen zwei Arten von Flecht- und Schnürknoten: Bei der einen wird ein großer Gegenstand mit einer Schnur, einer Leine oder einem Riemen umwickelt, deren Enden dann sicher verknotet werden. So kann beispielsweise ein Paket verschnürt oder zu medizinischen Zwecken ein Druckverband angelegt werden. Bei der anderen werden kleinere Objekte mithilfe eines Knotens befestigt oder gehalten, der oft auch eine dekorative Funktion haben kann, wie z. B. der Türkische Bund (in seiner Form einem Turban ähnlich), der zu einer großen Familie von dekorativen Flechtknoten gehört.

Altweiberknoten

Dieser bekannteste aller Knoten ist absolut unzuverlässig. Er rutscht durch oder zieht sich fest. Als doppelter Altweiberknoten mit Schleife ist er selbst in Schnürsenkeln nicht besonders haltbar. Seine Vorstellung an dieser Stelle dient lediglich der Veranschaulichung seiner Unzulänglichkeit, insbesondere im Vergleich mit dem Kreuzknoten und dem Diebesknoten auf den folgenden Seiten.

1 Legen Sie die beiden losen Parten einer Leine übereinander, hier links über rechts.

2 Binden Sie einen Überhandknoten.

3 Legen Sie nochmals das linke über das rechte Ende.

4 Binden Sie einen zweiten Überhand- knoten.

Kreuzknoten (Reffknoten)

Bereits die alten Ägypter, Griechen und Römer kannten diesen flachen und symmetrischen Knoten. Doppelt und mit Schleife ist er gut geeignet für das Binden von Schnürsenkeln. Er ist nur haltbar, wenn er eine Auflagefläche hat, was seine Einsatzmöglichkeiten stark reduziert. Gut geeignet ist er für alle Arten von Bandagen und Verpackungen. Zum Verbinden zweier Leinen sollte dieser Knoten jedoch nicht verwendet werden!

1 Legen Sie die beiden losen Parten einer Leine übereinander, hier links über rechts.

2 Binden Sie einen Überhandknoten.

3 Legen Sie nochmals das linke über das rechte Ende.

4 Binden Sie einen zweiten Überhandknoten. Achten Sie dabei auf eine parallele Symmetrie der Parten.

Diebesknoten

Zwar sieht er dem Kreuzknoten sehr ähnlich, jedoch gibt es einen Unterschied: Die losen Parten liegen auf entgegengesetzten Seiten. Dadurch entsteht eine ungleiche Belastung, wodurch der Knoten rutscht. Aufgrund seiner Unzuverlässigkeit ist er lediglich als erster Schritt des fallenden Diebesknotens geeignet.

1 Legen Sie die lose Part einer Leine zu einer Bucht.

2 Führen Sie die andere lose Part in die Bucht ein.

3 Legen Sie die lose Part unter die andere Bucht.

4 Stecken Sie diese lose Part nun von oben in die Bucht.

Kummerknoten

Auch dieser Knoten ist ähnlich wie der Altweiber- und der Diebesknoten weitgehend unzuverlässig, da er diagonal nicht ausbalanciert ist und ungleich belastet wird. Fest zusammengezogen kann er zum Zusammenbinden von leichteren Materialien verwendet werden.

1 Legen Sie die lose Part einer Leine zu einer Bucht.

2 Führen Sie die andere lose Part durch die Bucht.

3 Winden Sie diese lose Part um die untere Part der Bucht und über die feste Part der Bucht.

4 Stecken Sie diese lose Part von oben durch die Bucht und machen Sie so einen Überhandknoten.

Stangenlasching

Damit können Gegenstände von unhandlicher Länge zusammengebunden werden. Sichern Sie den Knoten abschließend mit einem Kreuzknoten. Zum bequemen Transport können Stangen o. Ä. an zwei oder mehreren Stellen mit der Stangenlasching fixiert werden.

1 Legen Sie die Leine s-förmig unter die Gegenstände.

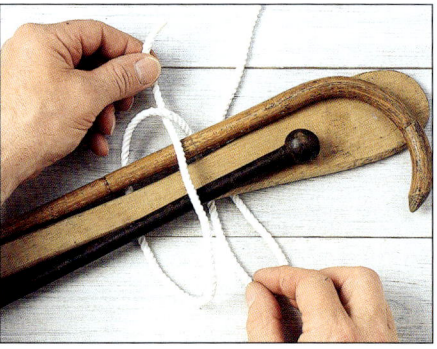

2 Fädeln Sie eine lose Part durch die gegenüberliegende Bucht.

3 Fädeln Sie die andere lose Part durch die gegenüberliegende Bucht.

4 Ziehen Sie die Enden fest, sodass die Gegenstände gut umschlossen werden.

5 Binden Sie die beiden Enden zu einem Überhandknoten.

6 Schließen Sie den Kreuzknoten mit einem zweiten Überhandknoten ab. Wiederholen Sie die Schritte 1–6 auf der anderen Seite des Bündels.

Beutelknoten

Dieser Knoten wird auch Sackkno-
ten genannt und gehört zu einer
Knotenfamilie, die auf die alten
Zeiten der Getreideernte zurückgeht. Diese Knoten wurden von
Müllern und Kaufleuten zum Verschließen von Getreidesäcken verwendet. Zum Abschließen kann
ein Slipstek ausgeführt werden,
der ein leichteres und schnelles
Lösen des Knotens ermöglicht.

1 Legen Sie eine kurze Leine um den Hals des Sackes.

2 Kreuzen Sie die beiden Enden.

3 Führen Sie das linke Ende um den Sackhals und wieder nach vorne.

4 Legen Sie dieses Ende zu einer Bucht.

5 Stecken Sie die Bucht unter das feste Ende und ziehen Sie den Knoten fest.

Sack-/Müllerknoten

Auch bei diesem Knoten wird eine kleine Zugschlinge gelassen, damit er schnell und leicht gelöst werden kann und die Schnur oder Leine nicht aufgeschnitten werden muss.

1 Legen Sie ein kurzes Leinenstück um den Hals des Sackes.

2 Halten Sie das kürzere obere Ende nach links.

3 Holen Sie das längere untere Ende hervor und legen Sie es nach hinten.

4 Bringen Sie es nach vorne, unter dem Sack hervor.

5 Führen Sie es über das kurze Ende und flechten Sie es unter die bereits vorhandenen Törns. Legen Sie es nun zu einer Bucht und ziehen Sie diese mit den Törns fest.

Würgestek gesteckt

Als Alternative zum Würgeknoten ist der Würgestek ein ausgezeichneter Bindeknoten. Mit oder
ohne Zugschlinge zum Öffnen kann er vorüber-
gehend als Takling an einem Leinenende oder zu
ähnlichen Zwecken eingesetzt werden. Im antiken
Griechenland wurde er als Chirurgenknoten verwendet, in neuerer Zeit leistete er als Artillerie-
knoten zum Verschließen von Kanonenpulver-
beuteln seine Dienste. Clifford Ashley entdeckte
ihn 1944 wieder. Je nach verwendetem Material
kann sich der Knoten auch unlösbar festkneifen.
Zur Entfernung des Knotens kann seine obere
Diagonale durchgeschnitten werden.

1 Legen Sie ein kurzes Leinenstück um
die zu bindenden Gegenstände.

2 Bringen Sie das Arbeitsende vorne diagonal über die stehende Part.

3 Bringen Sie das Arbeitsende nach hinten und wieder nach vorne.

4 Stecken Sie das Arbeitsende unter sich
selbst hindurch. Nun ist ein Webeleinstek entstanden.

5 Ziehen Sie die feste Part buchtförmig
heraus.

6 Stecken Sie das Arbeitsende von links
nach rechts durch die Bucht und ziehen
Sie den Knoten so fest wie möglich. Die Enden können nun abgeschnitten werden.

Würgestek gelegt

Auch diese Form des Würgesteks ist leicht auszuführen. Jedoch muss das Ende der Grundleine oder Spiere offen zugänglich sein. Fest zusammengezogen bietet er eine sichere Verschlussmöglichkeit.

1 Legen Sie die lose Part der Leine um den Gegenstand, der zusammengebunden werden soll, z. B. um ein Seil.

2 Schlagen Sie einen Törn um das Seil.

3 Ziehen Sie den Törn buchtförmig nach unten.

4 Greifen Sie das untere Ende der Bucht, verdrehen Sie diese einmal und stülpen Sie sie über das Seil- oder Spierenende.

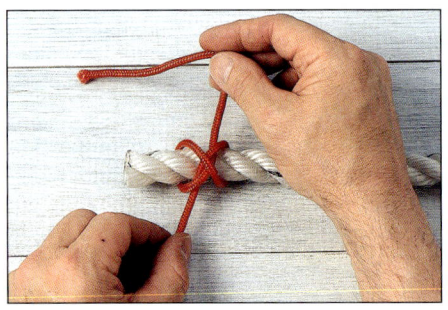

5 Ziehen Sie den Stek fest zusammen und schneiden Sie die Enden ab.

Querholzknoten

Diese Art eines Würgesteks kann für die Querverbindung von leichteren Latten verwendet werden, z. B. zum Bau eines Drachens. Wird auch die Rückseite mit einem solchen Knoten versehen, erhält man eine vergleichsweise stabile Verbindung.

1 Legen Sie die zu verbindenden Gegenstände im rechten Winkel zueinander.

2 Legen Sie die Leine um das vertikale Element.

3 Kreuzen Sie die feste Part der Leine.

4 Führen Sie das lange Ende unterhalb der Horizontalen um die Vertikale herum.

5 Stecken Sie diese Part von unten in die obere Bucht und ziehen Sie den Knoten dicht.

Doppelter Würgestek

Diese Form des Würgesteks hat eine besonders hohe Reibung und ist dadurch von großer Haltbarkeit und Zuverlässigkeit. Der doppelte Würgestek kann zum Zusammenbinden von unhandlichen Gegenständen verwendet werden. Es ist sinnvoll beim Festziehen dieses Knotens Hilfsmittel, wie z. B. einen Schraubenzieher zu verwenden.

1 Schlagen Sie einen Törn um die zu befestigenden Gegenstände. Bringen Sie die lose Part auf die feste Part.

2 Winden Sie einen zweiten Törn und bringen Sie die lose Part zwischen den ersten Törn und die feste Part.

3 Machen Sie einen weiteren Törn in dieser Art.

4 Führen Sie den losen Part rechts neben die feste Part.

5 Stecken Sie die lose Part unter die beiden letzten Törns hindurch.

6 Ziehen Sie die feste Part nach oben zu einer Bucht heraus.

7 Fädeln Sie die lose Part von links nach rechts durch die Bucht.

8 Ziehen Sie den Stek fest und schneiden Sie die Enden ab.

Boa-Knoten

Der Weber Peter Collingwood entwickelte diesen Knoten um das Jahr 1996. Er bietet eine vergleichsweise hohe Sicherheit und verbindet die Vorteile des einfachen mit dem doppelten Würgestek. Der Boa-Knoten ist leicht und schnell auszuführen. Aus diesem Grund ist er sehr beliebt.

1 Legen Sie eine Leine zu einem Überhandauge.

2 Legen Sie ein zweites Überhandauge.

3 Bringen Sie die beiden Augen wie bei einem Bunsch aufeinander. Die beiden Parten zeigen mit ihren Enden in die gleiche Richtung.

4 Greifen Sie den Bunsch links und rechts.

5 Verdrehen Sie den Bunsch in der Mitte um 180°.

6 Führen Sie den zu befestigenden Gegenstand zunächst in die linken Augen der Leine.

7 Stülpen Sie die rechten Augen über den Gegenstand.

8 Achten Sie darauf, dass alle Augen den Gegenstand umgeben.

9 Ordnen Sie die Parten und bringen Sie den Knoten in eine feste Form. Ziehen Sie den Knoten fest. Die Enden können nun abgeschnitten werden.

Kannen-, Krug- oder Flaschenknoten

Ein gut durchdachter und nützlicher Knoten, mit dem Flaschen, Kannen oder Krüge sicher festgebunden werden können. Er ist gut geeignet zum Befestigen von Flaschen, die zum Kühlen in einen Gebirgsbach gehalten werden können, zum Befestigen und Tragen von Milchkannen oder Blumenkörben, die z. B. in der Küche aufgehängt werden sollen.

1 Legen Sie eine Leine zu einer Bucht.

2 Klappen Sie die Bucht zurück auf die Parten. So entstehen zwei langgezogene Augen.

3 Schieben Sie das rechte Auge etwas über das linke. Unterhalb entsteht ein kleines Dreieck.

4 Bilden Sie mit den Parten links unter dem kleinen Dreieck ein Auge und ziehen es buchtförmig heraus.

5 Ziehen Sie es noch weiter heraus und fädeln Sie es über-unter in das rechte Auge.

6 Ziehen Sie es ca. 7 cm weiter über das Auge hinaus.

7 Halten Sie das rechte Auge auf der Rückseite des Knotens fest.

8 Klappen Sie es hinter der Arbeit nach unten.

9 Greifen Sie das vorne liegende Auge.

10 Klappen Sie das vorne liegende Auge nach vorne und nach unten auf die beiden festen Parten.

11 Ziehen Sie die Knotenarbeit vorsichtig an der Bucht und an den festen Parten zurecht, bis die Spannung gleichmäßig verteilt ist.

12 Stülpen Sie die Knotenarbeit über den Flaschenhals und ziehen Sie die äußeren Parten fest.

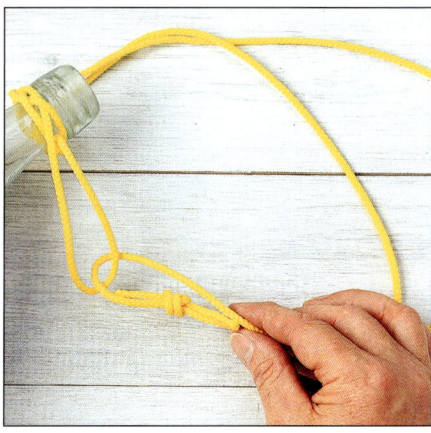

13 Fädeln Sie eine der stehenden Parten durch das Auge und verknoten Sie diese mit der anderen. Die Parten des dadurch entstehenden Griffs haben unter Last stets dieselbe Länge.

Asher-Aufhängung

Ein praktischer Knoten zum ausgleichenden Aufhängen einer Kanne, eines Krugs oder einer Flasche. Er geht auf den Knotenspezialisten Harry Asher zurück, der ihn in den 1980er-Jahren entwickelt hat.

1 Versehen Sie eine Flasche mit einem Flaschenknoten. Die Leine sollte mit zwei langen Parten und einem Auge zum Liegen kommen.

2 Ziehen Sie die beiden langen Parten durch das Auge.

3 Legen Sie die zusammengeknoteten Parten über die doppellagige Bucht.

4 Ziehen Sie die Bucht vollständig durch das Auge.

5 Ordnen Sie die Parten und bringen Sie den Knoten in die gewünschte Position.

Doppelter Achtknoten-Stek

Dieser Knoten entstand während der Entwicklung des Schmiegesteks von Owen K. Nuttal. Als Schnürknoten ist er sogar noch besser geeignet als der Schmiegestek. Seine markante Form der doppelten Acht erleichtert das Erlernen dieses Knotens erheblich. Er kann auch als Alternative zum Boa-Knoten und zum Würgestek eingesetzt werden.

1 Legen Sie ein Überhandauge in eine Leine.

2 Legen Sie daneben ein weiteres Überhandauge.

3 Legen Sie eine weitere Lage über das erste Überhandauge.

4 Legen Sie eine weitere Lage über das zweite Überhandauge.

5 Führen Sie den zu befestigenden Gegenstand durch die beiden Augen.

6 Bringen Sie den Knoten an die gewünschte Stelle.

7 Ziehen Sie den Knoten fest.

Quadratischer Türkischer Bund (4 Stränge × 5 Buchten)

Dieser Türkische Bund besteht aus vier geflochtenen Strängen und fünf schleifenförmigen Buchten. Aufgrund dessen wird er auch 4×5 Türkischer Bund genannt. Die Technik, mit der er geflochten wird, geht auf Charlie Smith zurück. Jeder Türkische Bund, der eine unterschiedliche Anzahl an Strängen und Buchten hat (z. B. 4×5 oder 5×4), wird „quadratisch" genannt.

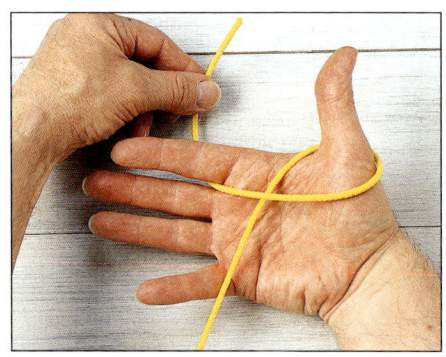

1 Nehmen Sie das Ende einer Leine oder eines Bändsels und legen Sie um die Daumenwurzel ein Auge.

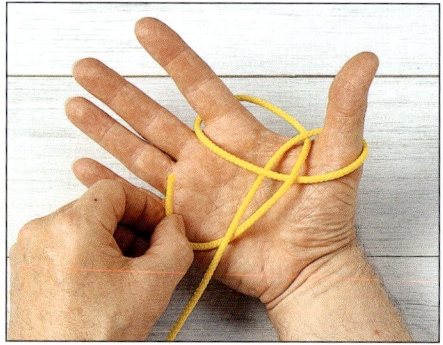

2 Legen Sie das Arbeitsende um den Zeigefinger. Führen Sie dabei die Leine über-unter die Parten der Daumenbucht und weiter unter der stehenden Part hindurch.

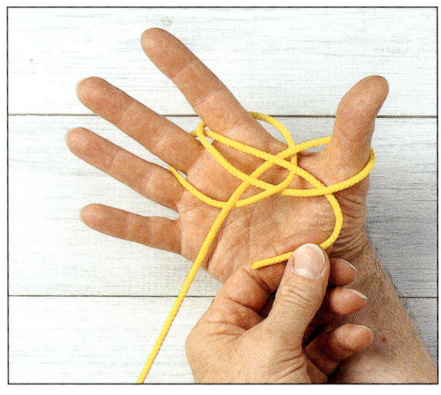

3 Legen Sie das Arbeitsende in derselben Richtung um den Mittelfinger und bringen es auf dem Weg zum nächsten Finger unter einer-über zwei-unter einer Querpart hinweg.

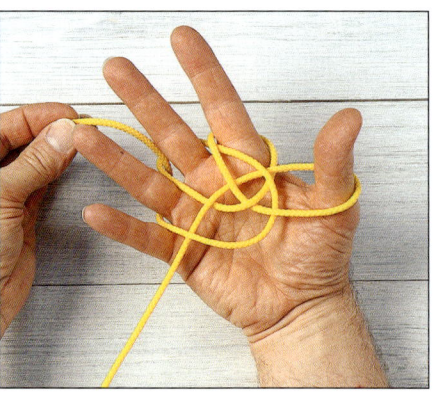

4 Legen Sie das Arbeitsende um den vierten Finger. Dabei stecken Sie es von unten in die Bucht um den Mittelfinger.

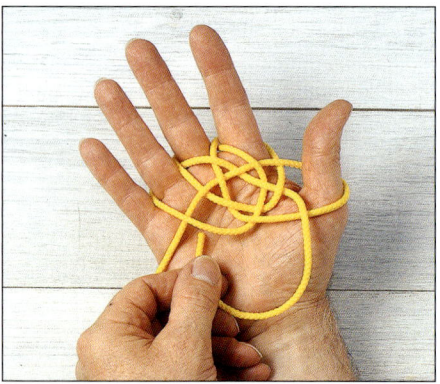

5 Weben Sie das Arbeitsende unter-über-unter-über die Querparten und stecken Sie es von unten an der Stelle ein, an der der stehende Part aus dem Geflecht kommt.

6 Der Knoten kann flach gehalten oder auch zu einem Band gezogen werden. Soll er doppelt oder dreifach geflochten werden, wird mit der stehenden Part weitergearbeitet. Auf der Abbildung links ist ein dreifaches Geflecht zu sehen.

Türkischer Bund (5 Stränge x 4 Buchten)

Einfach geflochten kann dieser Türkische Bund anstatt eines Tacklings zum Sichern abgeschnittener Leinenenden eingesetzt werden. Er ist ebenfalls geeignet als dekorative Manschette für das Zugband eines Seesacks oder als Schmuck für Glockenstränge, Geländer oder den Schalthebel eines Autos.

1 Führen Sie das Arbeitsende einer Leine über die Hand nach hinten und wieder nach vorne. Kreuzen Sie die Part diagonal.

2 Bringen Sie das Arbeitsende wieder nach vorne und führen Sie die Querparten über-unter nach oben.

3 Bringen Sie das Arbeitsende von links nach rechts nach vorne. Stecken Sie es dabei unter-über die Querparten.

4 Drehen Sie Ihre Hand mit dem Handrücken nach oben. Weben Sie das Arbeitsende von rechts nach links über-unter die Querparten.

5 Drehen Sie die Handinnenfläche wieder nach oben und weben Sie das Arbeitsende von links nach rechts durch die Querparten.

6 Drehen Sie die Hand erneut mit dem Handrücken nach oben und weben Sie das Arbeitsende von rechts nach links unter-über-unter die Querparten.

7 Sie können das Geflecht nun von der Hand nehmen. Stecken Sie das Arbeitsende parallel zur festen Part zwischen die Parten und beenden Sie es auf diese Weise.

Geflochtener Türkischer Bund (2 Stränge × 3 Buchten)

Diese einfache Variante des Türkischen Bundes ist eher ungewöhnlich und selten zu sehen. Manchmal wird er als dekoratives Element an eine Jagdgerte gebunden.

1 Legen Sie eine Leine um Ihre Hand und binden Sie an einer ausgewählten Stelle einen Überhandknoten als Kernpunkt.

2 Führen Sie das Arbeitsende nach hinten und rechts neben der Part wieder nach vorne.

3 Führen Sie das Arbeitsende unter sich selbst hindurch.

4 Flechten Sie das Arbeitsende parallel zur festen Part.

5 Bringen Sie das Arbeitsende wieder am Kern vorbei, sodass es links der stehenden Part heraustritt.

6 Arbeiten Sie das Arbeitsende parallel zu dem bereits liegenden Parten, bis die Leine überall doppelt liegt.

7 Stecken Sie das Arbeitsende zum Schluss in das Geflecht. Mit einem doppelten Überhandknoten beginnt man eine 2 Stränge x 5 Buchten-Version dieses Knotens. Mit einem dreifachen entsteht ein 2 × 7-Geflecht, mit einem vierfachen ein 2 × 9-Geflecht.

Spatenende-Knoten

Soll eine Angelschnur an einem Haken ohne Auge oder eine kurze Führungsleine an einer dickeren Leine befestigt werden, kann dieser Knoten verwendet werden. Er ist dem Takling sehr ähnlich.

1 Legen Sie ein Bändsel mit der losen Part gegenläufig zur losen Part einer Leine zu einem Auge.

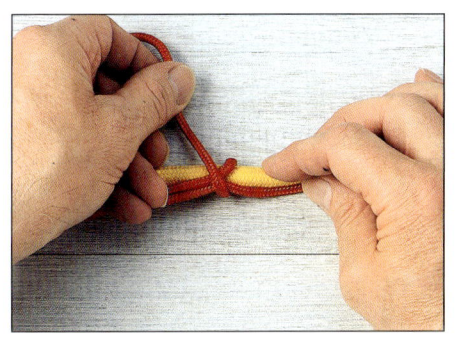

2 Schlagen Sie mit der Part der Bucht einen Törn und umschließen Sie dabei die Leine und das Arbeitsende des Bändsels.

3 Schlagen Sie weitere Törns um Leine und Bändsel in Richtung Arbeitsende der Leine.

4 Schlagen Sie die Törns über 2 cm der Leine. Legen Sie dann die Bucht hinter die Leine.

5 Ziehen Sie die Bucht und die Wicklungen fest.

Schlingen

„EINE KRATZIGE HANFSCHLINGE
AUF DEM SONNENVERBRANNTEN NACKEN ..."
(Douglas Botting – **The Pirates,** 1979)

Die Henkerschlinge, bekannt aus vielen Holly-wood-Filmen, ist ein gutes Beispiel für einen sicheren und festen Knoten. Sie dient dazu, eine plötzliche Belastung auszuhalten, ohne zu bre-chen. Sie gehört zur Gruppe der Blutknoten oder tonnenförmigen Knoten mit mehreren Win-dungen. Sie wird von Anglern, Höhlenforschern, Bergsteigern, Veterinären und Chirurgen in ver-schiedenen Materialien angewendet, jedoch nicht von Henkern. Diese bevorzugen ein einfaches Auge, durch das die lose Part frei gleiten kann. Schlingen können zum Festmachen benutzt werden und haben den Vorteil, dass man sie über einen Pfosten werfen kann und sie nicht festbin-den muss. Aus doppelten oder mehrfachen Schlin-gen lassen sich Arbeitsaufzüge oder Rettungs-schlingen improvisieren. Früher wurden daraus Fallstricke zum Fangen von Tieren angefertigt.

Achtung:

Die Gesetzgebung rät zunehmend davon ab, sich behelfs-mäßig improvisierter Schlingen zu bedienen und empfiehlt, auf industriell produzierte und getestete Sicherheitsgurte und entsprechendes Zubehör zurückzugreifen. Wenn situations-bedingt jedoch keine professionellen Mittel zur Verfügung stehen und es um die Rettung von Leben geht, ist es sicher-lich angebracht, sich einer Leine zu bedienen und damit einen Rettungsknoten zu knüpfen. In solchen Situationen könnte der eine oder andere nachfolgende Knoten hilfreich sein.

Anglerschlinge

Dieser Knoten stammt aus dem 17. Jahrhundert und wurde als sicherer Schlingenknoten für moderne Seil- und Taumaterialien wiederentdeckt. Auch in weiche Garne oder Gummiseile lassen sich damit haltbare Knoten knüpfen.

1 Legen Sie ein Überhandauge in eine Leine.

2 Bringen Sie die lose Part über das Auge.

3 Ziehen Sie das Ende buchtförmig durch das Auge.

4 Legen Sie die lose Part hinter die feste Part.

5 Stecken Sie die lose Part in die Knotenmitte unter die Parten der Bucht.

Achtknotenschlinge

Die Seeleute zählten diese Schlinge früher zu den Flämischen Schlingen. Sie griffen jedoch nur ungern auf sie zurück, weil sie in nassen Hanf- oder Manilaleinen nach Belastung nur schwer zu lösen ist. Bergsteiger und Höhlenforscher verwenden sie gerne als Alternative zum Palstek. Sie ist auch für Ungeübte leicht auszuführen. Abschließend kann die Schlinge mit einem halben Schlag gesichert werden.

1 Legen Sie das Ende einer Leine zu einer Bucht.

2 Legen Sie die Bucht doppellagig zu einem Überhandauge.

3 Verdrehen Sie das Auge um 180° gegen den Uhrzeigersinn.

4 Führen Sie die Bucht von hinten durch das Auge. Ziehen Sie den Koten zusammen.

Palstek

In der Seefahrt wurde dieser Knoten verwendet, um vom Schiffsbug zum Luvliek eines Rahsegels eine Leine zu spannen, die es näher zum Wind holte und so verhinderte, dass es zurückschlug. Heute wird der Palstek sehr vielfältig eingesetzt – vom Paketschnüren bis zur Baumpflege im Landschafts- und Gartenbau. Dieser Knoten zeichnet sich dadurch aus, dass er nicht durchrutscht, sich nicht löst und ebensowenig festzieht. Zur zusätzlichen Sicherheit kann das Arbeitsende mit Klebeband oder einer Takling an der Bucht befestigt werden.

1 Legen Sie ein Überhandauge in eine Leine.

2 Drehen Sie die Hand im Uhrzeigersinn und formen Sie auf diese Weise ein kleines Auge in die feste Part.

3 Ziehen Sie die lose Part nach unten etwas aus dem Auge heraus.

4 Bringen Sie die lose Part hinter die feste Part.

5 Stecken Sie die lose Part von oben in das Auge.

6 Ziehen Sie den Knoten fest und sichern Sie die lose Part mit einem Klebeband oder einem Takling.

Eskimo-Palstek

Dieser Knoten gelangte auf einem Eskimoschlitten nach England. Der Schlitten, mit vielen dieser Knoten versehen, war ein Geschenk der Eskimos an den Polarforscher John Ross (1777–1856). Er kann im Untergeschoss des Museums of Mankind in London besichtigt werden. Der Eskimo-Palstek bietet mehr Sicherheit als der einfache Palstek und ist auch für Synthetikleinen gut geeignet.

1 Legen Sie ein Unterhandauge in eine Leine.

2 Bringen Sie das Auge auf die feste Part.

3 Ziehen Sie die feste Part ein wenig in das Auge hinein.

4 Führen Sie die lose Part unter der festen Part hindurch.

5 Legen Sie die lose Part parallel zu sich selbst.

6 Halten Sie die parallel liegenden Parten zusammen und ziehen Sie die feste Part darüber. Ziehen Sie den Knoten fest.

Zweifacher Palstek

Durch das doppelt gelegte Auge ist dieser Knoten stärker und sicherer (70–75%) als der einfache Palstek. Wenn die lose Part ausreichend lang gelassen werden kann, muss sie nicht mit Klebeband oder Bändsel gesichert werden.

1 Legen Sie ein Überhandauge in eine Leine.

2 Bilden Sie daneben ein zweites Überhandauge.

3 Bringen Sie das zweite über das erste Auge.

4 Führen Sie die lose Part von unten in beide Augen.

5 Bringen Sie die lose Part hinter die feste Part.

6 Stecken Sie die lose Part von oben in beide Augen. Achten Sie darauf, dass die lose Part ausreichend lang ist.

Wasserpalstek

Angeblich ist diese Variante des Palstek insbesondere zur Verwendung mit Wasser gut geeignet. Nasse Leinen neigen weniger zum Festziehen. Es ist einer der zuverlässigeren und widerstandsfähigeren Palsteke, die auch über unwegsames Gelände geschleift werden können.

1 Legen Sie das für den Palstek typische Auge.

2 Formen Sie eine Bucht und führen Sie die lose Part von hinten durch das Auge.

3 Legen Sie darüber ein weiteres Auge.

4 Führen Sie die lose Part auch durch dieses Auge.

5 Bringen Sie die lose Part hinter die feste Part.

6 Führen Sie die lose Part von oben durch beide Augen. Bringen Sie die beiden Augen etwas näher zusammen und ziehen Sie den Knoten fest.

Blutknotenschlinge

Beim Angeln können mit dieser Schlinge mehrere Köder in eine Angelschnur geknüpft werden. Besonders eignet sich diese Technik für das Fliegenfischen. Mit einer Leine ausgeführt können damit hilfreiche Buchten angefertigt werden, die vielfältig verwendbar sind.

1 Legen Sie ein Überhandauge in eine Schnur oder Leine.

2 Binden Sie einen Überhandknoten.

3 Schlagen Sie mit einem Ende einen Törn um die feste Part.

4 Schlagen Sie einen weiteren Törn.

5 Führen Sie die obere Part des Auges buchtförmig durch die Mitte der Windungen.

6 Ziehen Sie den Knoten fest.

Farmerschlinge

Ein beliebter solider, kleiner Knoten der in der amerikanischen Landwirtschaft sehr häufig verwendet wird. Seinen Namen erhielt er von Howard W. Riley, der ihn 1912 in einer Broschüre beschrieb.

1 Schlagen Sie einen Rundtörn um Ihre Hand.

2 Schlagen Sie einen weiteren Törn. Auf jeder Seite der Hand liegen nun drei Parten.

3 Bringen Sie die mittlere Part über die rechte Part.

4 Bringen Sie nun die linke Part über die Leine.

5 Bringen Sie erneut die mittlere Part nach rechts.

6 Ziehen Sie die mittlere Part zu einer Schlinge von der gewünschten Länge.

7 Ziehen Sie den Knoten fest.

Geschirrschlaufe

Ein alter Knoten, der immer noch zum Anbinden von Pferden empfohlen wird. Man sieht ihn gelegentlich an den Geschirren von Schlittenhunden.

1 Legen Sie ein Überhandauge in eine Schlinge.

2 Bringen Sie die oben liegende Part unter das Auge.

3 Bringen Sie die rechte Part des Auges unter die Part in der Mitte.

4 Ziehen Sie diese Part über die linke Part des Auges.

5 Ziehen Sie diese Parten zu einer Bucht und ziehen Sie den Knoten fest.

Schmetterlingsauge

Ein klassischer europäischer Bergsteigerknoten für die in der Mitte
gesicherten Mitglieder einer Seil-
schaft. Betrachtet man den Palstek
als den König der Knoten, wie sich
der englische Humorist A. P. Her-
bert (1890–1971) in einem Ge-
dicht äußert, dann ist der Schmet-
terlingsknoten die Königin.

1 Legen Sie die Leine über die Hand.

2 Schlagen Sie einen Rundtörn um die
Hand.

3 Schlagen Sie einen weiteren Rundtörn
um die Hand.

4 Bringen Sie die rechte Part in die Mitte.

5 Bringen Sie diese rechte Part nun ganz
nach links.

6 Führen Sie diese Part nun buchtförmig
unter den beiden anderen Parten hindurch.

7 Bringen Sie die Bucht auf die gewünschte Länge und ziehen Sie den Knoten fest.

Dreiviertel-Achtknotenschlinge

Der kanadische Bergsteiger Robert Chisnall wünschte sich einen Knoten, der in jede Richtung belastet werden kann, ohne dass er sich verzieht. Er entwickelte 1980 diese Variante der Basis-Achtknotenschlinge. Da er noch relativ neu ist, sollte er in sicheren Situationen erprobt und sein Einsatz im Vergleich zu den klassischen Schlingen oder dem Schmetterlingsauge erwogen werden.

1 Legen Sie die lose Part einer Leine im Uhrzeigersinn zu einem Unterhandauge. Führen Sie die lose Part darunter hindurch und darüber.

2 Stecken Sie die lose Part von unten in den unteren Teil des Auges.

3 Bringen Sie die feste Part über die lose Part.

4 Stecken Sie die lose Part in den Knoten. Ziehen Sie den Knoten an der Bucht und an der anderen Part fest.

Frost-Knoten

Der Frost-Knoten wurde 1960 durch den amerikanischen Bergsteiger Tom Frost zum Einkürzen von Kletterleitern entwickelt. Es handelt sich um eine Überhandschlaufe, die in der Regel nur in Gurte und nicht in Tauwerk gebunden wird. Tom Frost gehört zu den bekannten amerikanischen Bigwall-Kletterern, die beim Durchsteigen riesiger Felswände mehrere Tage und Nächte hintereinander ohne Unterbrechung in der Wand verbringen.

1 Legen Sie die lose Part eines Gurtbands zu einer Bucht und bringen Sie die lose Part zwischen die beiden Buchtparten.

2 Legen Sie alle drei Parten zu einem Überhandauge.

3 Stecken Sie die Bucht von hinten durch das Überhandauge.

4 Ziehen Sie den Knoten fest und achten Sie darauf, dass alle Parten dicht und flach beieinander bleiben.

Doppelter Frost-Knoten

Hiermit können improvisierte Einstiegsschlaufen in die Steigleitern geknüpft werden.

1 Legen Sie zwei Klettergurte in passender Länge zu zwei Buchten.

2 Legen Sie in eine der Buchten ein Überhandauge.

3 Machen Sie aus dem Überhandauge einen Überhandknoten.

4 Stecken Sie die andere Bucht in den Knoten.

5 Fahren Sie mit der zweiten Bucht den Lauf der ersten nach.

6 Die zweite Bucht kommt auf der anderen Seite des Knotens heraus. Achten Sie darauf, dass alle Parten flach aufeinander liegen.

7 Ziehen Sie den Knoten zusammen und bringen Sie die Buchten in die gewünschte Länge.

Achterknoten mit Schlaufe

Dieser relativ sichere Knoten ist unter Bergsteigern sehr beliebt. Er bietet keine Enden, die sich lockern könnten. Seine doppelten Buchten sind meist von gleicher Größe. Möchte man jedoch Buchten von ungleicher Größe haben, können sie durch das Nachschieben von Leine durch den Knoten erzielt werden. Clifford Ashley beschreibt diese Knoten in seiner Knoten-Enzyklopädie aus dem Jahre 1944.

1 Legen Sie eine Leine auf die Mitte und bilden Sie daraus ein Unterhandauge.

2 Legen Sie die Bucht nach links über die stehende Parten.

3 Ziehen Sie die Bucht durch das Auge.

4 Ziehen Sie die nun entstehenden beiden Buchten auf die gewünschte Größe.

5 Schieben Sie die linke Bucht über die rechte Bucht ...

6 ... hinauf bis zu den stehenden Parten, um die doppelte Bucht zu sichern.

Spanischer Palstek

Ein alter, zuverlässiger Seefahrerknoten, auch als Sesselknoten bekannt, mit dem Personen sicher transportiert werden können. Dabei werden die Beine durch die Schlaufen gesteckt und die zu transportierende Person hält sich an den festen Parten des Knotens fest. Diese Form des Palsteks wird gern von der Feuerwehr, der Küstenwache oder der Bergrettung verwendet.

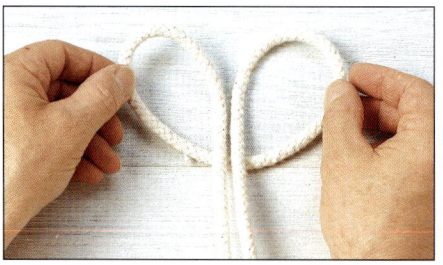

1 Legen Sie eine Leine auf die Mitte und formen Sie zwei gegenläufige Augen.

2 Verdrehen Sie das linke Auge einmal gegen den Uhrzeigersinn.

3 Verdrehen Sie auch das rechte Auge gegen den Uhrzeigersinn.

4 Stecken Sie das linke Auge durch das rechte Auge.

5 Ziehen Sie die Augen etwas auseinander.

6 Ziehen Sie die unteren sich kreuzenden Parten buchtförmig auseinander.

7 Drehen Sie die beiden Buchten nach oben und stecken Sie sie durch die oberen Augen.

8 Stecken Sie die beiden Buchten durch die Augen und ziehen Sie die Buchten in die gewünschte Länge. Holen Sie den Knoten an den festen Parten heran und ziehen Sie den Knoten fest. Sollte eine der Schlingen kürzer sein, sichern Sie diese durch zwei halbe Schläge um die andere Schlinge.

Brummycham Palstek

Der Name dieses Knotens ist vom Spitznamen der Stadt Birmingham in England („Brum") abgeleitet, der Heimat des Knotenspezialisten Harry Asher, auf den dieser Knoten zurückgeht.

1 Legen Sie das Ende einer Leine zu einer Bucht.

2 Schlagen Sie mit dem langen Ende der Leine einen Törn und halten Sie das Bündel zusammen.

3 Schlagen Sie einen weiteren Törn.

4 Bilden Sie mit dem langen Ende ein Unterhandauge.

5 Legen Sie dieses Auge um die Buchten der Törns.

6 Führen Sie das Ende der Leinen durch die Buchten und ziehen Sie den Knoten zusammen.

Dreifache Acht

Robert Chisnall entwickelte diesen Knoten Mitte der 1980er-Jahre. Er wird gerne von Bergsteigern angewendet.

1 Legen Sie eine Leine auf die Hälfte und bilden Sie eine Bucht.

2 Legen Sie die Bucht unter die doppelte Part und bilden Sie so ein Unterhandauge.

3 Bringen Sie die Bucht über die doppelte Part.

4 Formen Sie eine Bucht und schieben Sie diese unter das Auge.

5 Stecken Sie die Bucht durch das Auge.

6 Bringen Sie die Bucht auf die gewünschte Länge.

7 Legen Sie das Arbeitsende über die feste Part und stecken Sie sie von hinten durch das Auge. Ziehen Sie die Schlinge zu.

Dreifacher Palstek

Ein weiterer Knoten, der auf den Bergsteiger Robert Chisnall zurückgeht. Er entwickelte ihn für das Klettertraining. Damit können sich Lehrer und Schüler mit je einer Schlinge z. B. an einem Baum oder an einem anderen Punkt sichern.

1 Legen Sie eine Leine auf die Hälfte und formen Sie eine Bucht.

2 Bilden Sie mit der Bucht ein Überhandauge.

3 Stecken Sie die Bucht von unten in das Auge.

4 Legen Sie mit der festen Part ein Überhandauge um die Bucht.

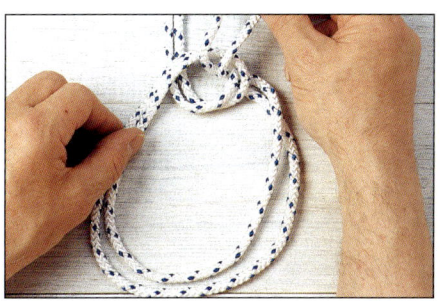

5 Bringen Sie die Schlinge auf die gewünschte Größe.

6 Legen Sie das Buchtende hinter die feste Part.

7 Stecken Sie das Buchtende von oben in das obere Auge. So entsteht eine dritte Schlinge. Fassen Sie alle drei Schlingen und ziehen Sie den Knoten fest.

Bogensehnenknoten

Dieser Knoten ist zum Spannen und Lockern von Zelt- oder Wäscheleinen geeignet. Amerikanische Cowboys verwenden ihn zur Herstellung von gleitenden Schlingen am Ende eines Lassos. Der Lindow-Mann, dessen mumifizierte Leiche 1988 im Moor von Lindow (nahe Manchester) gefunden wurde, wurde ca. 200 v. Chr. vermutlich durch eine Leine mit einem solchen Knoten stranguliert.

1 Legen Sie die lose Part einer Leine rechtsherum zu einem Unterhandauge.

2 Stecken Sie die lose Part hindurch und knüpfen Sie einen Überhandknoten.

3 Stecken Sie die lose Part durch das Auge.

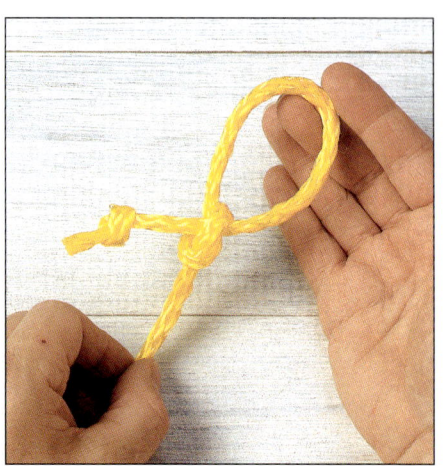

4 Ziehen Sie den Knoten fest und sichern Sie das Ende mit einem kleinen Stopperknoten.

Seekadetten-Stek

Ein Gleit- und Greifknoten aus der Marine, der an Reepleinen, Stagen oder Wanten angebracht wird. Unter Zug ist er von guter Haltbarkeit.

1 Legen Sie die lose Part einer Leine zu einem Überhandauge von gewünschter Größe.

2 Stecken Sie das Arbeitsende von hinten in das Auge.

3 Schlagen Sie mit der losen Part einen Törn um die feste Part.

4 Stecken Sie den losen Part erneut in das Auge.

5 Schlagen Sie neben dem ersten Törn einen weiteren Törn.

6 Führen Sie die lose Part außerhalb des Auges um die feste Part.

7 Machen Sie abschließend einen halben Schlag um die stehende Part und ziehen Sie den Knoten zusammen.

Tarbuck-Knoten

Dieser Gleit- und Greifknoten war bereits im Jahr 1946 bei den amerikanischen Holzfällern bekannt, die ihn einfach als „den Knoten" bezeichneten. Ken Tarbuck empfahl ihn für die seinerzeit neuartigen Kletterseile aus Nylon. Als Bergsteigerknoten wird er mittlerweile nicht mehr verwendet, da der Mantel einer geflochtenen Leine durch die entstehende Reibung beschädigt werden kann. Verbreitet ist er unter Baum- und Höhlenkletterern.

1 Legen Sie die lose Part einer Leine zu einem Überhandauge von gewünschter Größe.

2 Legen Sie die lose Part um die feste Part und stecken Sie sie in das Auge.

3 Schlagen Sie einen Törn um die feste Part.

4 Stecken Sie die lose Part in das Auge.

5 Führen Sie die lose Part überhalb des Auges hinten um die feste Part.

6 Stecken Sie die lose Part über-unter sich selbst von oben in den Knoten und ziehen Sie ihn fest.

Regulierbare Schlinge

Auch dieser Knoten wurde von Robert Chisnall erfunden. Er kann von Hand leicht in jede Richtung geschoben werden. Wie bei allen Greif- und Gleitknoten kommt er durch eine ruckartige Bewegung ins Gleiten. Wenn er greift, ist die entstehende Reibung relativ gering.

1 Legen Sie die lose Part einer Leine zu einem Auge, die feste Part über die lose Part.

2 Schlagen Sie mit der losen Part einen Törn um die feste Part.

3 Schlagen Sie mit der losen Part einen weiteren Törn.

4 Winden Sie die lose Part um beide Parten des Auges.

5 Stecken Sie die lose Part unter sich selbst hindurch.

Henkerschlinge

Zwar hat dieser Knoten im Grunde einen grausigen Namen, jedoch ist er sehr nützlich und bildet sogar eine der haltbarsten und sichersten Schlingen überhaupt. Durch seine eng anliegenden Törns kann er ruckartige Belastungen schadlos abfangen und bietet darüber hinaus ein gutes Gleit- und Greifvermögen.

1 Legen Sie die lose Part einer Leine s-förmig zu zwei Buchten.

2 Binden Sie ein Auge mit der losen Part und schlagen Sie einen Törn um das Auge.

3 Bringen Sie die feste Part zwischen die beiden anderen Parten.

4 Schlagen Sie weitere Törns um alle drei Parten in Richtung der stehenden Parten.

5 Ziehen Sie die Törns fest.

6 Schlagen Sie mit der losen Part weitere Törns.

7 Auf See wird diese Schlinge mit mindestens sieben Törns ausgeführt, die für die sieben Meere stehen.

8 Abschließend wird die lose Part durch die kleine Bucht gesteckt und durch Ziehen an der großen Bucht befestigt.

Spindelknoten

Ursprünglich wurde dieser Knoten zur Befestigung von Spulen oder Rollen an dünnen Leinen verwendet. Ebenso kann er als Gleit- oder Greifknoten verwendet werden, um eine Leine mit einem Haken oder einem Köder zu verbinden.

1 Legen Sie die lose Part einer Leine zu einer Bucht.

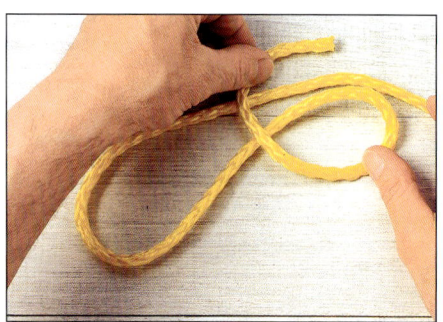

2 Halten Sie die beiden Parten fest. Legen Sie die lose Part zu einem Auge und führen Sie das Arbeitsende dabei über alle Parten.

3 Führen Sie das Arbeitsende um die Part der Bucht und von unten in das Auge.

4 Schlagen Sie einen Törn um die Parten die Bucht.

5 Stecken Sie das Arbeitsende wieder von unten in das Auge.

6 Schlagen Sie einen weiteren Törn um die Part der Bucht.

7 Schlagen Sie einen weiteren Törn und schieben Sie alle Törns dicht aneinander. Ziehen Sie den Knoten am Arbeitsende und an der großen Bucht fest.

Vielfachwindung

Dieser Knoten ist seit mindestens 1975 bekannt. Er ist von bemerkenswerter Festigkeit (95 – 100 %) und insbesondere für das Angeln großer Fische gut geeignet. Verwenden Sie dafür eine wesentlich stärkere Leine als hier gezeigt. Die zahlreichen Windungen am Anfang werden einfach mit dem Zeigefinger gedreht und dann am Buchtende verdichtet. So entsteht eine Serie von sich überlagernder Törns, die den Knoten festigen.

1 Legen Sie eine ca. 50 cm lange Bucht in eine Leine.

2 Winden Sie die Leine etwa 20 mal und halten Sie sie fest, damit sie sich nicht wieder aufdreht.

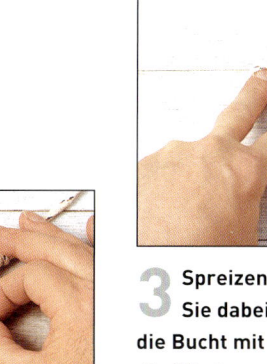

3 Spreizen Sie die Bucht und verdichten Sie dabei die Windungen. Sie können die Bucht mit den Füßen festhalten, da Sie die Hände am Ende der Bucht benötigen.

4 Winden Sie die lose Part mit einem halben Schlag um eine der Buchtparten.

5 Sichern Sie den Knoten zum Schluss mit einem halben Schlag um beide Buchtparten.

6 Sichern Sie die Leine zum Schluss mit einem halben Schlag um beide Buchtparten.

Portugiesischer Palstek

Die Seeleute heuerten früher auf verschiedensten Schiffen unterschiedlicher Nationen an. So verbreiteten sich die Knoten und ihre Bezeichnungen eher zufällig. Die Bezeichnung dieses Knotens geht auf Clifford Ashley zurück, der ihn auf einem portugiesischen Schiff entdeckte. Ebenso ist er als Französischer Palstek bekannt.

1 Legen Sie die lose Part einer Leine zu einem kleinen Überhandauge.

2 Legen Sie ein größeres Auge um das erste.

3 Bringen Sie das Arbeitsende an das kleine Auge heran.

4 Führen Sie es von unten durch das Auge.

5 Bringen Sie das Arbeitsende um die feste Part.

6 Stecken Sie das Arbeitsende von oben in das erste Auge und ziehen Sie den Knoten fest.

Portugiesischer Palstek (mit gespreizten Buchten)

Dieser vielseitige Knoten kann zur Befestigung einer Planke oder einer Leiter als improvisierte Arbeitsplattform verwendet werden. Allerdings können sich die beiden Buchten gegeneinander verformen, weshalb eine Verwendung in gefährlichen Situationen besser unterbleiben sollte. Eine Beschreibung des Knotens geht bereits auf das Jahr 1896 zurück, die im portugiesischen „*Trattado de Aparelho do Navio*" (Traktat über Schiffsgeräte) erschienen ist. Clifford Ashley hatte diesen Knoten auf portugiesischen Schiffen gesehen.

1 Legen Sie die lose Part einer Leine wie auf dem Bild gezeigt.

2 Stecken Sie das Arbeitsende von unten in das Auge und bilden Sie so eine zweite Bucht.

3 Ziehen Sie die lose Part durch das Auge und legen Sie sie hinten um die feste Part.

4 Stecken Sie die lose Part von oben in das Auge und ziehen Sie die beiden Buchten auf die gewünschte Länge. Ziehen Sie den Knoten fest.

Tom-Fool-Knoten

Ein Handfesselknoten, der vermutlich jeden Entfesselungskünstler hilflos macht. Diese Schlinge wurde zum Fesseln von Vieh verwendet, damit es in der Nacht noch umherlaufen und grasen konnte, ohne sich dabei allzu weit zu entfernen.

1 Legen Sie die lose Part einer Leine rechtsherum zu einem Überhandauge.

2 Legen Sie daneben linksherum ein Unterhandauge in derselben Größe.

3 Bringen Sie das linke Auge fast vollständig über das rechte. Ziehen Sie das linke Auge durch das rechte.

4 Ordnen Sie die beide Buchten und ziehen Sie den Knoten fest.

Handfesselknoten

Dieser Knoten ist etwas komplizierter als der Tom-Fool-Knoten, jedoch nicht unbedingt sicherer.

1 Legen Sie die lose Part einer Leine rechtsherum zu einem Überhandauge.

2 Legen Sie linksherum ein Unterhandauge daneben.

3 Bringen Sie das rechte Auge zur Hälfte über das linke Auge.

4 Greifen Sie den inneren Parten der beiden Augen und ziehen Sie sie ineinander.

5 Ordnen Sie die beiden Buchten und ziehen Sie den Knoten fest.

Feuerwehrstuhl

Als Basis für diesen Knoten dient der Tom-Fool-Knoten. Eines der Augen greift unter die Achsel der Person, die gerettet und transportiert werden soll, das andere hält die Beine oberhalb der Knie. Die Person wird dann hinuntergelassen, wobei sie gegen den Kontakt mit der Wand gesichert werden muss.

1 Legen Sie die lose Part der Rettungsleine zu einem Überhandauge.

2 Legen Sie daneben linksherum ein Unterhandauge.

3 Schieben Sie das rechte Auge ein wenig über das linke Auge.

4 Greifen Sie die beiden Parten der Augen und ziehen Sie sie untereinander durch.

5 Ziehen Sie die Buchten heraus.

6 Legen Sie das linke Arbeitsende hinten um die linke Bucht herum.

7 Stecken Sie es unter sich selbst hindurch.

8 Legen Sie das rechte Arbeitsende hinten um die rechte Bucht herum.

9 Stecken Sie es unter sich selbst hindurch.

Zier- und Flecht- knoten, Ringe und Schlingen

Knoten sind wie Werkzeuge. Meistens sind wenige ausreichend, um damit die verschiedensten Aufgaben zu erledigen. Besser ist es jedoch, ein vielseitiges Repertoire zur Verfügung zu haben, damit für jeden Zweck der richtige Knoten geknüpft werden kann. Einige Knoten werden nur ganz selten gebraucht, dann muss es jedoch ein ganz bestimmter Knoten sein, der einzig gut geeignet ist. Eine Auswahl an diesen Knoten finden Sie auf den folgenden Seiten.

Fass-Schlinge

Dieser gespreizte Überhandknoten ist geeignet, um ein Fass oder eine Tonne selbst im geöffneten Zustand anzuheben oder abzulassen, weshalb er früher zum Verladen von Fässern oder Ballen verwendet wurde. Die lose Part muss mit der festen Part sicher verbunden werden. Die Schlinge unter dem Boden darf keinesfalls abrutschen.

1 Legen Sie die Leine unter die Last und knüpfen Sie einen Überhandknoten.

2 Ziehen Sie den Knoten auseinander und legen Sie die Parten um die Last.

3 Ziehen Sie die Parten nun fest, sodass die Last von der Leine fest umschlungen wird.

4 Knüpfen Sie in die Leinenenden einen Palstek.

Plankenstek

Eine Weiterentwicklung der Stangenlasching, die auch für dickere Leinen und Taue geeignet ist. Damit kann unter Verwendung von Brettern oder Planken eine Arbeitsplattform konstruiert werden.

1 Legen Sie ein Ende der Leine hinter die Planke.

2 Bringen Sie die Leine hinter der Planke in S-Form.

3 Bringen Sie das obere Ende nach vorne und fädeln Sie es durch die untere Bucht.

4 Nehmen Sie das untere Ende und fädeln Sie es durch die obere Bucht.

5 Bringen Sie die Schlingen in die richtige Position auf der Planke. Beide Leinenenden sollten oben liegen. Verbinden Sie die beiden Leinenenden miteinander.

Notmast-Knoten

Mit seinen drei regulierbaren Buchten konnte mit diesem Knoten ein Notmast gerigt werden. An den Buchten konnten Wanten und Stage befestigt werden. Heute wird der Knoten nicht mehr verwendet und dient lediglich noch als Anschauungsmaterial für die Knotenkunst.

1 Legen Sie eine Leine auf der Mitte rechtsherum zu einem Überhandknoten.

2 Legen Sie daneben linksherum ein Unterhandauge und schieben Sie es etwas unter das erste Auge.

3 Legen Sie linksherum ein weiteres Unterhandauge und schieben Sie es ein wenig unter das mittlere Auge.

4 Bringen Sie die beiden äußeren Augen innerhalb des mittleren Auges etwas übereinander (das rechte über das linke).

5 Ziehen Sie das rechte Auge buchtförmig nach links heraus und flechten Sie es unter-über in die Buchten auf der linken Seite.

6 Ziehen Sie das linke Auge buchtförmig nach rechts heraus und flechten Sie es über-unter in die Buchten auf der rechten Seite.

7 Ziehen Sie das mittlere Auge nach oben hin heraus.

Schotstek mit drei Leinen

Um drei Leinen (auch von unterschiedlicher Stärke und aus verschiedenen Materialien) fest miteinander zu verbinden, ist dieser wirkungsvolle Knoten gut geeignet. Er wurde von Frank Rosenow, einem schwedischen Maler und Knotenkundler, 1990 erstmals erwähnt. Er stieß auf diesen Knoten während einer Reise in den Gewässern um Griechenland.

1 Legen Sie die drei Leinen nebeneinander.

2 Legen Sie die stärkere oder steifere der drei Leinen zu einer Bucht.

3 Führen Sie die beiden anderen Leinen durch die Bucht hindurch.

4 Führen Sie die beiden Leinen von unten um die Bucht herum und stecken Sie sie unter sich selbst hindurch. Ziehen Sie den Knoten fest.

Affenfaust

Die Kugelform, die durch diesen Knoten ensteht, ist als Schlüssel- anhänger oder als Gewicht am En- de einer Wurfleine gut geeignet. Je nach Funktion sollte vor dem Schlagen der drei letzten Törns ein Stein, ein Stück Korken run- der Form oder eine Styroporkugel in passender Größe in den Kno- ten eingelegt werden. Danach werden die einzelnen Schlaufen dichtgeholt.

1 Wählen Sie eine Leine aus einem pas- sendem Material (ggfs. schwimmfähig) und in geeigneter Stärke aus.

2 Schlagen Sie am Ende der Leine nebeneinander drei Törns.

3 Schlagen Sie einen weiteren Törn hori- zontal um die vorherigen.

4 Schlagen Sie zwei weitere Törns, mit denen Sie die ersten im rechten Winkel zueinander fest umschließen.

5 Drehen Sie die Knotenarbeit um 90° und führen Sie die Leine durch die oberen Buchten der ersten Törns.

6 Führen Sie die Leinen nun durch die unteren Buchten der ers- ten Törns.

7 Schlagen Sie auf diese Weise drei weitere Törns. Legen Sie nun den Kern in die Knotenarbeit und ordnen Sie die Törns sorgfältig. Fixieren Sie die lose Part mit einem Knoten an der langen Leine.

Augen-Zurring

Mit diesem Zurring lassen sich lange Gegenstände, auch von unterschiedlicher Form und Dicke, zusammenbinden. Er besteht aus einer Serie einfacher Augen, die nach der Anfangsschlinge in gleichmäßigem Abstand und mit derselben Spannung um die zu verschnürenden Gegenstände gelegt werden. Er ist gut geeignet zum Festzurren von Teppichen, Plastikrohren o. Ä., die transportiert oder einfach nur aufbewahrt werden sollen.

1 Machen Sie eine gleitende Schlinge in das Ende einer Leine und führen Sie das lange Ende um den Gegenstand herum und durch die Schlinge hindurch.

2 Legen Sie in das lange Ende ein Unterhandauge.

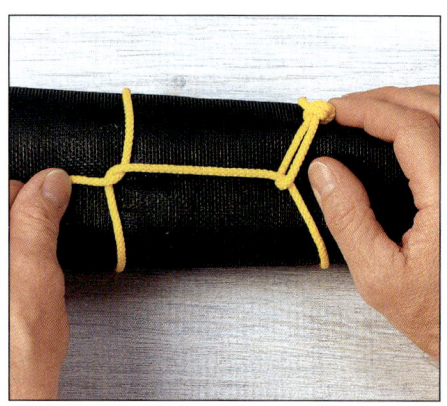

3 Schieben Sie das Auge um den Gegenstand und ziehen Sie den Knoten fest.

4 Knüpfen Sie auf die gleiche Weise weitere Knoten in gleichem Abstand.

5 Wenn das Ende erreicht ist, wenden Sie den Gegenstand und versehen den ersten halben Schlag mit einem Kreuzungsknoten.

6 Sichern Sie die Leine an allen halben Schlägen auf der Rückseite mit weiteren Kreuzungsknoten.

7 Sichern Sie das andere Ende des Gegenstands und führen Sie die Leine durch die gleitende Schlinge vom Anfang.

8 Sichern Sie das Leinenende mit zwei halben Schlägen.

Zier- und Flechtknoten, Ringe und Schlingen

Marlschlag

Der Marlschlag sieht auf den ersten Blick aus wie der Augen-Zurring. Im Gegensatz dazu lösen sich die Knoten beim festeren Marlschlag nicht auf, wenn die Leine vom festgezurrten Gegenstand abrutscht. In diesem Fall bleiben hier die geknüpften Überhandknoten zurück. Bereits beim Binden bietet der Marlschlag mehr Festigkeit, was jedoch auch etwas länger dauert. Er ist gut geeignet zum Zusammenbinden eines Teppichs, einer Hängematte oder anderer unhandlicher langer Gegenstände.

1 Versehen Sie das Ende einer Leine mit einer gleitenden Schlinge und führen Sie das Arbeitsende hindurch.

2 Legen Sie die Leine zu einem Überhandknoten um den Gegenstand.

3 Ziehen Sie den Überhandknoten fest. Er wird durch die Reibung zusammengehalten, während Sie den nächsten Überhandknoten knüpfen.

4 Versehen Sie den Gegenstand auf der gesamten Länge mit Überhandknoten. Drehen Sie den Gegenstand und befestigen Sie die Leine an sämtlichen halben Schlägen mit einem Kreuzungsknoten. Zum Schluss wird die Leine durch die gleitende Schlinge gezogen und mit zwei halben Schlägen gesichert.

Poldo-Talje

Damit lässt sich eine vielseitig einsetzbare Spannvorrichtung herstellen, die durch Ziehen an einem Ende gespannt werden kann.

1 Knoten Sie das Ende einer Leine zu einer festen und sicheren Schlinge, z. B. zu einer Anglerschlinge wie hier im Bild.

2 Fädeln Sie das andere Leinenende durch die Schlinge und bilden Sie so eine große gleitende Schlinge.

3 Legen Sie das andere Leinenende in einer Bucht um den losen Part der Schlinge.

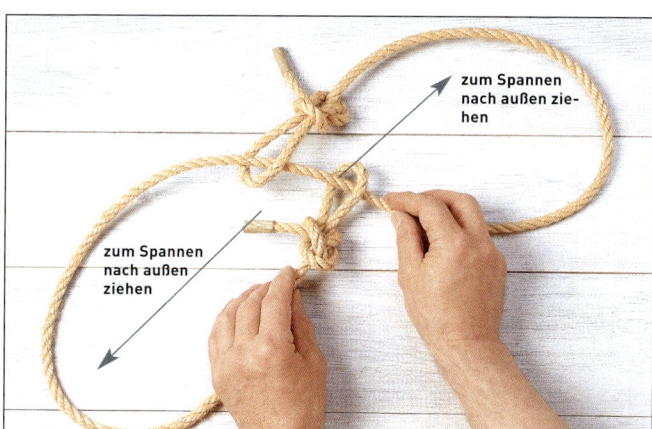

zum Spannen nach außen ziehen

zum Spannen nach außen ziehen

4 Befestigen Sie auch dieses Ende als feste und sichere Schlinge an der losen Part. Zum Spannen werden die beiden Knoten auseinandergezogen, zum Lockern werden sie zusammengeschoben.

Kettenstich-Lasching

Diese Lasching benötigt zwar mehr Leine, ist jedoch auch zum Festzurren von unförmigen Gegenständen und Bündeln geeignet. Außerdem hat sie den Vorteil, dass sie durch Ziehen am losen Ende ganz schnell und einfach gelöst werden kann. Unter Verwendung einer schönen Kordel lassen sich damit dekorative Päckchen schnüren oder anderweitige Verzierungen anfertigen.

1 Versehen Sie das Ende einer Leine mit einem festen Auge und führen Sie die Leine buchtförmig hindurch.

2 Legen Sie das Ende hinten um den Gegenstand.

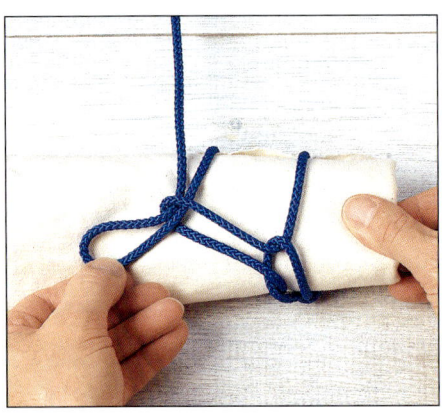

3 Stecken Sie es buchtförmig von oben durch die zuvor geformte Bucht.

4 Führen Sie das Ende von unten als Bucht durch die letzte Bucht.

5 Wiederholen Sie die Schritte 2 und 3 und bilden Sie eine weitere Bucht.

6 Versehen Sie den gesamten Gegenstand von oben und unten kommend mit wechselnden Buchten.

7 Am Ende angekommen ziehen Sie die lose Part durch die letzte Bucht.

8 Legen Sie den losen Part nochmals um den Gegenstand und stecken Sie sie unter sich selbst hindurch. Winden Sie die lose Part zur Sicherung einige Male um sich selbst.

Diamantstek

Forschungsreisende, Goldsucher und Pioniere sicherten ihr Gepäck mithilfe dieser Verschnürung, die heute noch in Wildwestfilmen zu sehen ist. Damit lassen sich auch sperrige und unhandliche Gegenstände auf dem Rücken von Lasttieren und -fahrzeugen sowie auf dem Rucksack sicher befestigen.

1 Wählen Sie eine Leine von ausreichender Länge.

2 Befestigen Sie ein Leinenende an einem zentral gelegenen Punkt.

3 Führen Sie die Leine über die Fracht, um einen gegenüberliegenden Punkt und wieder zum Ausgangspunkt zurück.

4 Verdrehen Sie die beiden Parten gegeneinander und ziehen Sie die Parten in der Mitte auseinander.

5 Führen Sie die Leine nach unten und zur Seite, dann hinauf zum Auge in der Mitte der Parten. Fädeln Sie die Leine durch das Auge.

6 Führen Sie die Leine nach unten zu einem Eckpunkt und wieder durch die Mitte.

7 Führen Sie die Leine zu einem Eckpunkt nach oben auf derselben Seite.

8 Legen Sie die Leine um diesen Eckpunkt und fädeln Sie sie wieder durch die Mitte.

9 Legen Sie die Leine um den letzten Eckpunkt und bringen Sie sie zurück zum Ausgangspunkt, wo sie mit einem Knoten gesichert wird.

Trucker-Stek

Dieser Knoten wird gerne von Lastwagenfahrern zum Festzurren ihrer Ladung verwendet, wenn keine Gurte oder mechanische Spannvorrichtungen zur Verfügung stehen. Diese Befestigungstechnik kann bis auf das frühere Fuhrmannswesen zurückverfolgt werden, wo der verwendete Knoten als Fuhrmannsknoten bekannt war.

1 Befestigen Sie das Ende einer Leine seitlich am Fahrzeug oder Hänger. Führen Sie die Leine auf die andere Seite.

2 Legen Sie die Leine linksherum zu einem Überhandauge.

3 Legen Sie eine Bucht in die lose Part und stecken Sie diese von hinten durch das Überhandauge.

4 Geben Sie der unten entstandenen Bucht im Gegenuhrzeigersinn eine halbe Drehung.

5 Geben Sie der unten entstandenen Bucht eine weitere halbe Drehung.

6 Führen Sie die lose Part buchtförmig durch die untere Bucht.

7 Legen Sie die zuletzt entstandene Bucht um einen Befestigungspunkt gegenüber dem Anfangspunkt.

8 Legen Sie die lose Part um einen weiteren seitlichen Punkt und führen Sie sie über die Ladung. Wiederholen Sie die Schritte 2–7 so oft, wie es zur Sicherung der Ladung nötig ist.

Runder Flechtknoten

Diese dekorativ geflochtene Matte kann als Schmuck oder zur Verzierung von Uniformen oder anderen Kleidungsstücken dienen.

1 Legen Sie eine Leine auf die Mitte und legen Sie mit dem einem Ende linksherum ein Überhandauge.

2 Bringen Sie die lose Part wie bei einer Brezel unter das Auge.

3 Greifen Sie das rechte Ende der Leine und weben Sie es diagonal über-unter-über nach links oben.

4 Fahren Sie auf der anderen Seite fort und weben Sie das Ende rechtsherum unter-über-unter wieder nach rechts unten.

5 Stecken Sie das Leinenende dort hinein, wo die andere Part aus dem Geflecht herauskommt. Folgen Sie dem Verlauf der Leine, um das Geflecht zu verdoppeln oder zu verdreifachen. Vernähen oder verkleben Sie die Enden auf der Unterseite.

Trossenstek-Flechtknoten

Die mit dem Trossenstek-Flecht-
knoten hergestellte Matte kann
zur Dekoration verwendet oder
als kunsthandwerklicher Gegenstand betrachtet werden. Um die
Hand geschlagen kann damit ein
Reif oder ein Befestigungsring für
Halstücher geknüpft werden.

1 Legen Sie eine Leine zu einem Überhandauge.

2 Bringen Sie die lose Part wie eine Brezel
über das Auge.

3 Führen Sie die lose Part nach links unter
die stehende Part.

4 Weben Sie die lose Part über-unter-über-
unter rechtsherum durch das Geflecht.

5 Stecken Sie die lose Part dort ein, wo die
feste Part herauskommt, um das Geflecht
zu verdoppeln bzw. zu verdreifachen.

Zopfknoten

Dieses dekorative Geflecht kann mit dünnen oder dickeren Leinen hergestellt werden. Es bieten sich vielfältige Verwendungsmöglich-keiten an z. B. als Untersetzer, als Verzierung von Uniformen, als Fußmatte oder Wandschmuck. Bei der Arbeit mit dickeren Leinen ist es empfehlenswert, eine Platte aus Kork oder Styropor darunterzule-gen, um die Arbeit beim Flechten zu fixieren.

1 Legen Sie linksherum ein Überhand-auge in eine Leine von ausreichender Länge.

2 Bringen Sie die lose Part unter das kurze Ende und dann über das Auge.

3 Stecken Sie die lose Part von links nach rechts durch das Auge.

4 Legen Sie die lose Part quer über die untere Bucht.

5 Nun wird das andere Ende zur losen Part. Legen Sie sie von links nach rechts unter die neue feste Part.

6 Stecken Sie sie unter-über-unter die nächstliegende Bucht.

7 Bringen Sie das Ende von rechts nach links über-unter-über die Querparten.

8 Flechten Sie diese Part von links nach rechts über-unter-über ein, sodass sie aus der rechten unteren Bucht heraustritt.

9 Verdoppeln oder verdreifachen Sie nun die Flechtung.

Lange Flechtknotenmatte

Mit genügend Material und Geduld kann die Länge dieser Matte beliebig ausgedehnt werden. Traditionell wird sie auch verlängerbarer Knoten genannt, da sie in beliebiger Länge hergestellt werden kann.

1 Legen Sie eine Leine von passender Länge auf die Hälfte und legen Sie rechtsherum ein Überhandauge.

2 Bringen Sie die linken lose Part nach oben und bilden Sie dabei eine Bucht.

3 Legen Sie die lose Part von links nach rechts über das Auge.

4 Legen Sie die feste Part über die lose Part im Bogen darüber.

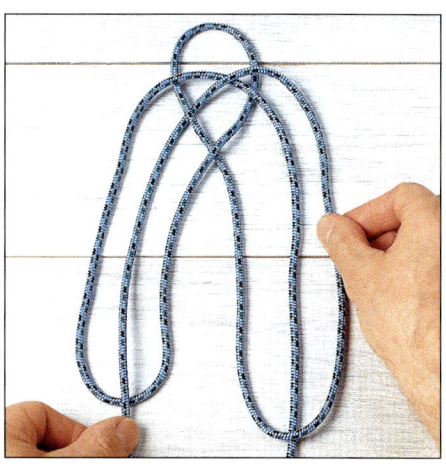

5 Weben Sie diese Part über-über-unter die obere Part.

6 Verdrehen Sie die linke lange Bucht um 180° nach rechts.

7 Verdrehen Sie die rechte lange Bucht ebenfalls um 180° nach rechts.

8 Bringen Sie die rechte Bucht quer über die linke Bucht.

9 Weben Sie die linke lose Part von links nach rechts diagonal unter-über-unter-über hindurch.

10 Weben Sie die rechte lose Part über-unter-über-unter diagonal nach links.

11 Ordnen Sie die Parten der Flechtung etwas und verdoppeln oder verdreifachen Sie die Flechtung.

Ringbefestigung mit wechselnder Richtung

Hiermit können große Metallringe überzogen werden, die dann beim Zusammenstoßen mit anderen Gegenständen weder klingeln noch knallen oder gar Schaden anrichten. Mit kleineren Ringen können dekorative Griffe für Zugbänder u. Ä. hergestellt werden. Eine Handarbeitsidee ist auch, zahlreiche dieser Ringe zu Spitzen oder Wandbehängen zusammenzufügen.

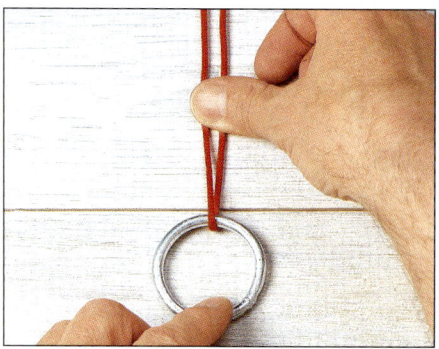

1 Fädeln Sie eine Leine von ausreichender Länge durch einen Ring.

2 Befestigen Sie die Leine mit zwei entgegengesetzten halben Schlägen.

3 Fügen Sie einen dritten halben Schlag hinzu, der im Verhältnis zum zweiten Schlag spiegelbildlich ausgeführt wird.

4 Fügen Sie einen vierten halben Schlag hinzu, der zum zweiten und dritten Schlag spiegelbildlich ausgeführt wird.

5 Fahren Sie auf diese Weise fort, bis der Ring vollständig ausgefüllt ist.

Ringbefestigung in fortlaufender Richtung

Hierbei entsteht ein Überzug mit schlankem Rücken, der besonders für Ringe von kleinerem Durchmesser geeignet ist.

1 Befestigen Sie eine Schnur mit zwei halben Schlägen (Webeleinstek) an einem Ring.

2 Führen Sie weitere halbe Schläge in derselben Richtung wie der zweite Schlag aus.

3 Ordnen Sie die Knoten von Zeit zu Zeit, um eine spiralförmige Windung des Überzugs zu verhindern. Ziehen Sie die einzelnen Knoten fest.

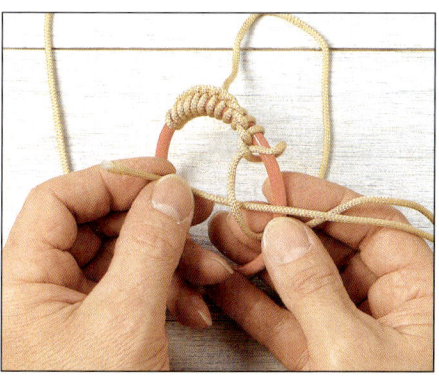

4 Fahren Sie mit weiteren Schlägen in derselben Richtung fort.

5 Ordnen Sie die Knoten immer wieder und ziehen Sie sie fest. Ist der Ring ausgefüllt, können die Enden wie im Bild sichtbar miteinander verflochten werden.

Doppelte Ringbefestigung

Dieser Überzug trägt stärker auf und ist für Ringe mit größerem Durchmesser oder für dünnere Leinen gut geeignet.

1 Legen Sie eine Leine in Form einer Acht um den Ring: zunächst diagonal von links nach rechts und von rechts nach links durch den Ring. Dann vorne von links nach rechts diagonal nach unten und wieder von rechts nach links durch den Ring, dann vorne von links nach rechts unter-über.

2 Stecken Sie die lose Part von rechts nach links durch den Ring und wieder nach oben rechts unter zwei der Parten hindurch.

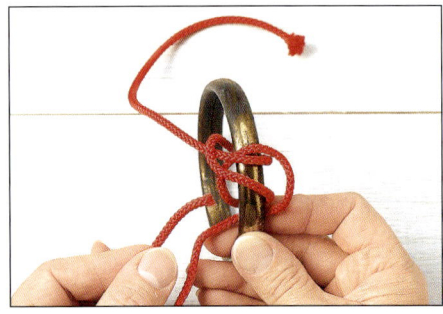

3 Wiederholen Sie Schritt 2. Fahren Sie mit dem Ende der Leine durch den Ring und wieder nach oben rechts unter zwei Parten hindurch.

4 Ordnen Sie die Parten zwischendurch, damit die Knoten auf dem Rücken nicht aus der Mitte rutschen. Ziehen Sie die Knoten etwas zusammen.

5 Fahren Sie fort mit diesem Überzug. Achten Sie darauf, dass die Knoten stets in dieselbe Richtung laufen.

6 Füllen Sie den gesamten Ring aus.

Ringbefestigung mit Unterhandaugen

Durch diese Knotentechnik entsteht auf dem Rücken des Rings eine Art Kettenstich. Sie ist besonders für dicke Ringe gut geeignet. Der Überzug kann auch aus dekorativen Schnüren und Fäden wie z. B. Wolle, Baumwolle oder Seide geknüpft werden. Auch kräftigere Lederriemen sind denkbar. Dieser Überzug sieht aus wie gestrickt, doch kann er nicht aufgerebbelt werden, da die einzelnen Knoten fest und sicher sind und mit den anderen Knoten keine Verbindung haben. Der Überzug kann mit Kordeln und Gardinenzügen verbunden werden.

1 Schlagen Sie einen Törn um den Ring und bringen Sie die lose Part nach oben, die feste Part nach unten.

2 Legen Sie rechtsherum mit der losen Part ein Unterhandauge.

3 Stecken Sie die lose Part von rechts nach links durch den Ring.

4 Fädeln Sie die lose Part durch das Unterhandauge und ziehen Sie den Knoten fest.

5 Setzen Sie die Arbeit fort und schlagen Sie die lose Part um den Ring. Stecken Sie sie jeweils durch ein Unterhandauge.

6 Fahren Sie auf diese Weise fort, bis der Ring vollständig ausgefüllt ist.

Ringbefestigung mit Zopfmuster

Dieser Überzug wurde mit einer einzigen Leine ausgeführt. Sein Rücken erscheint wie eine dreipartige Flechtung. Er ist gut geeignet für dicke und breite Ringe, auf denen das breite Zopfmuster gut zur Geltung kommt.

1 Schlagen Sie einen vollständigen Törn um den Ring. Führen Sie das Arbeitsende vorne unter zwei Parten, wieder durch den Ring und unter einem Part hindurch.

2 Bringen Sie die lose Part nach unten und stecken Sie sie diagonal von rechts nach links unter einer Part hindurch.

3 Wickeln Sie diese Part um die Ringvorderseite und stecken Sie sie dann von rechts nach links durch den Ring.

4 Bilden Sie mit der losen Part auf der Vorderseite eine Acht. Fahren Sie dabei diagonal von links unten nach rechts oben und wieder zurück.

5 Wiederholen Sie Schritt 4 und gehen Sie von rechts unten durch den Ring nach rechts oben.

6 Stecken Sie die lose Part unter zwei Parten hindurch. Wiederholen Sie den Vorgang, bis der Ring vollständig ausgefüllt ist.

Mehrzweck-Talje

George Aldridge entwickelte diese Talje 1985 für Zwecke, bei denen stets ausreichend Zugkraft benötigt wird. Mit dünnen Leinen ausgeführt ist sie beispielsweise gut geeignet zum Zusammenspannen eines frisch geleimten Bilderrahmens oder Stuhls. Mit stärkeren Leinen ausgeführt ist sie leistungsstark zum Heben schwerer Lasten, z. B. um ein im Schnee feststeckendes Auto zu befreien. Hierfür ist synthetisches Tauwerk besser geeignet. Nach der Fertigstellung sollten Sie die Talje durch einen kräftigen Zug überprüfen. Beim Loslassen ist die Talje selbstsperrend. Zum Lockern wickeln Sie ein oder zwei Törns ab, bis alles gelöst werden kann.

1 Binden Sie am Anfang und in der langen Leine jeweils eine Anglerschlinge.

2 Stecken Sie die lose Part durch die Schlinge am Leinenanfang.

3 Stecken Sie sie ebenfalls durch die andere Schlinge.

4 Führen Sie die Leine ein weiteres Mal durch die erste Schlinge.

5 Führen Sie die lose Part erneut durch die zweite Schlinge.

6 Wiederholen Sie diesen Vorgang, bis auf jeder Seite drei stehende Parten durch die Schlingen laufen.

Einfache Kettenplatting

Wenn eine überlange Leine eingekürzt werden soll, ist diese Knüpftechnik gut geeignet. Ihre Länge kann damit um ca. $^1/_3$ reduziert werden. Unter Verwendung von feinem Garn können auf diese Weise dekorative Schnüre für Brillen oder andere Gegenstände geknüpft werden.

1 Legen Sie linksherum ein Überhandauge in eine Leine.

2 Bringen Sie die lose Part hinter das Auge und ziehen Sie buchtförmig von hinten durch das Auge. Ziehen Sie diesen Knoten fest.

3 Ziehen Sie die lose Part erneut buchtförmig durch die soeben entstandene Bucht.

4 Wiederholen Sie diesen Schritt mehrmals.

5 Ziehen Sie die jeweils neu entstandene Bucht gut fest.

6 Zur Beendigung der Kette stecken Sie die lose Part vollständig durch die letzte Bucht. Dadurch wird die Kette gesichert.

Einfache Endloskette

Durch die Verbindung von Anfang und Ende einer Kettenplatting lässt sich ein hübsches Armband oder ein Halsschmuck anfertigen. Auch ein Rahmen für einen Spiegel oder ein Bild wäre denkbar. Zur besseren Veranschaulichung werden hier zwei verschiedenfarbige Leinen verwendet. Normalerweise werden jedoch die Enden derselben Kette zusammengefügt.

1 Bringen Sie Anfang und Ende einer Kettenplatting zusammen.

2 Fädeln Sie das Endstück der roten Kette von hinten durch die Bucht am Ende der anderen Kette, parallel zur festen Part der grünen Kette.

3 Fädeln Sie das rote Arbeitsende von hinten nach vorne durch seine eigene Bucht.

4 Fädeln Sie das rote Arbeitsende von vorn nach hinten durch die Bucht aus Schritt 3.

5 Ziehen Sie die lose Part der anderen Kette aus ihrer letzten Bucht und fädeln Sie stattdessen das rote Arbeitsende ein.

Doppelte Kettenplatting

Eine etwas fülligere Version der einfachen Kettenplatting, die auch gerne als Schmuck an der Uniform von Militärkapellen verwendet wird. Sie ist daher auch als Trompeten- oder Jagdhornknoten bekannt. Oftmals wird zur Herstellung solcher Uniformdekorationen eine dicke goldene Kordel verwendet.

1 Legen Sie linksherum zwei Überhandaugen und bringen Sie sie miteinander zur Deckung.

2 Bringen Sie die lange lose Part von oben unter beide Augen.

3 Ziehen Sie die lose Part durch das Innere der Augen von hinten nach vorne buchtförmig heraus.

4 Ziehen Sie die einzelnen Buchten etwas fest, jedoch muss noch eine weitere Bucht von hinten nach vorne über zwei der vorherigen Augen gezogen werden können.

5 Wiederholen Sie Schritt 4, bis die Kette die gewünschte Länge hat.

6 Zum Abschluss fädeln Sie die lose Part durch ihre eigene Bucht.

Doppelte Endloskette

Auch mit der doppelten Version der Kettenplatting lassen sich dekorative und kunstvolle Armbänder herstellen. Zur besseren Anschaulichkeit wurden zwei verschiedene farbige Leinen verwendet.

1 Bringen Sie die lose und die feste Part einer doppelten Kette dicht zusammen.

2 Stecken Sie die grüne lose Part von hinten und von vorne durch die letzte Bucht der festen roten Part.

3 Stecken Sie die grüne lose Part unter den ersten beiden Buchten hindurch.

4 Stecken Sie die grüne lose Part von vorne nach hinten unter die vorletzte grüne Bucht und durch das zuletzt entstandene Auge.

5 Stecken Sie die grüne lose Part in die vorletzte Bucht der roten Kette.

6 Fädeln Sie die grüne lose Part von rechts nach links unter-unter in seine drittletzte Bucht.

7 Stecken Sie die grüne lose Part schließlich von unten nach oben über-unter-unter durch die Buchten, bis zur roten Part.

Einfacher Zopfknoten

Entsprechend gelegt kann mit einer einzelnen Leine ein Dreistrangzopf geflochten werden, wodurch eine Leine verkürzt oder verziert werden kann. Gut geeignet ist diese Technik auch zur Anfertigung eines improvisierten Griffs für Gepäck oder zur Befestigung eines Steckschwerts auf einer Segeljolle.

1 Bringen Sie die drei Parten nebeneinander, indem Sie rechtsherum ein langes Unterhandauge schlagen.

2 Bringen Sie die rechte Part über die mittlere Part.

3 Bringen Sie die linke Part über die neue mittlere Part.

4 Wiederholen Sie Schritt 2 und bringen Sie die rechte äußere Part in die Mitte.

5 Wiederholen Sie Schritt 3 und bringen Sie die linke äußere Part in die Mitte.

6 Fahren Sie so bis zum Ende fort und ziehen Sie die Flechtung stets fest.

7 Entwirren Sie immer wieder das untere Ende, wo zwangsläufig ebenfalls eine Flechtung entsteht, indem Sie die untere lose Part herausziehen.

8 Ziehen Sie den Zopf beim Flechten immer wieder fest. Zum Schluss bleibt ein einzelnes Auge.

9 Fädeln Sie die restliche Leine durch das Auge und sichern Sie auf diese Weise die Flechtung.

Zickzack-Zopf

Mit dieser Knüpftechnik lassen sich Leinen auf dekorative Weise einkürzen. Ebenso lässt sich so ein rutschfester Griff oder eine wirkungsvolle Borte flechten. Aus rauer Naturfaser erhält der Zopf ein besonders stabiles Erscheinungsbild. Aus feinerem Garn gefertigt, kommt er eher einer zierlichen Handarbeit nahe.

1 Binden Sie zwei Leinen zusammen. Machen Sie mit der linken Leine einen halben Schlag um die rechte Leine.

2 Schlagen Sie nun die rechte Leine in derselben Weise um die linke Leine.

3 Wiederholen Sie diese Vorgehensweise und führen Sie so eine Reihe von halben Schlägen aus, die alle dicht nebeneinander liegen sollten.

4 Fahren Sie auf diese Weise fort bis zu der gewünschten Länge. Legen Sie die halben Schläge jeweils dicht an dicht.

Zweistrang-Zopf

Dieser dekorative Zopf sieht besonders reizvoll aus, wenn er mit Leinen in unterschiedlichen Farben geflochten wird. Auch Schnüre und Leinen aus unterschiedlichen Materialien sind denkbar, jedoch sollten Sie bei der Auswahl auf gleiche Dehnbarkeit achten. Mit dieser Technik lassen sich dekorative Kordeln herstellen, die zusätzlich eine gute Haltbarkeit bieten. Besonders gut eignet sich ein Zweistrang-Zopf als Wandhalterung von Übergardinen oder als schmuckvolle Absperrleine.

1 Legen Sie die beiden Leinen auf die Hälfte und verschlingen Sie sie miteinander.

2 Bringen Sie die beiden Buchten auf den gewünschten Abstand. Davon hängt die Länge des geflochtenen Zopfes ab.

3 Bringen Sie den rechten äußeren Strang zwischen die beiden linken Stränge.

4 Bringen Sie den linken äußeren Strang zwischen die beiden rechten Stränge.

5 Wiederholen Sie Schritt 3 und 4 bis zum Ende.

6 Sichern Sie die Flechtung, indem Sie das lose Ende durch die geschlossene Bucht stecken.

Dreistrang-Zopf

Mit dieser bekanntesten Art des Zöpfeflechtens können schöne Kordeln oder auch dekorative Frisuren geflochten werden.

1 Binden Sie drei Leinen zusammen. Nehmen Sie eine Leine nach links und zwei nach rechts.

2 Legen Sie den äußeren rechten Strang über den nächstliegenden parallel zum linken Strang.

3 Legen Sie den äußeren linken Strang über den nächstliegenden parallel zum rechten Strang.

4 Wiederholen Sie nun Schritt 2 und ziehen Sie die Flechtung fest.

5 Wiederholen Sie Schritt 3 und ziehen Sie die Leinen immer wieder gut fest.

6 Wiederholen Sie Schritt 2 und 3.

7 Flechten Sie die Leinen, bis der Zopf die gewünschte Länge hat. Binden Sie die Leinen am Schluss zusammen.

Französischer Zopf

Auf diese Weise lässt sich ein dekorativer Gurt oder ein flaches
Band flechten. Mit steifem Material ausgeführt erhält man einen
Zopf mit offener Struktur.

1 Legen Sie zwei Leinen auf die Hälfte und
schlagen Sie ein Auge um die Bucht
der anderen Leine. Nehmen Sie ein Strang-
paar nach rechts und eines nach links.

2 Kreuzen Sie jedes Paar, sodass die von
links kommenden Parten oben liegen.

3 Kreuzen Sie die mittleren Stränge
rechts über links.

4 Wiederholen Sie Schritt 2 und 3 abwechselnd und ziehen Sie die Flechtung fest.

5 Fahren Sie fort, bis der Zopf die gewünschte Länge hat und binden Sie die
Enden zusamen.

Vierstrang-Zopf

Mit einem geeigneten Material ausgeführt lässt sich aus einem Vierstrang-Zopf eine Hundeleine (für kleiner Hunde), ein Zugband für einen Lichtschalter oder ein Bindegürtel für ein Kleid o. Ä. herstellen. Mit dieser Flechttechnik kann ebenso ein dickeres Stück Tauwerk aus einer dünneren Leine geflochten werden, wenn gerade kein Tau in der gewünschten Stärke verfügbar ist.

1 Binden Sie 4 Leinen zusammen. Unterteilen Sie sie in ein rechtes und ein linkes Leinenpaar. Bringen Sie die äußere Leine des rechten Paares nach vorne zwischen die beiden linken Leinen und dann zurück neben und jeweils unter die rechte parallele Leine.

2 Bringen Sie die äußere linke Leine von hinten nach vorne zwischen die beiden rechten Leinen und dann zurück neben und jeweils unter die linke parallele Leine.

3 Wiederholen Sie Schritt 1 und ziehen Sie die Flechtung fest.

4 Wiederholen Sie Schritt 2 und sorgen Sie für einen gleichmäßigen Zug.

5 Führen Sie die Flechtung fort, bis die gewünschte Länge erreicht ist. Binden Sie die Enden zusammen.

Achtstrang-Zopf

Mit dieser kompakten Flechtung lassen sich Leinen für schwere Lasten herstellen. Bei den Eskimos werden auf diese Weise aus Angelleinen Fangleinen für größere Jagdtiere hergestellt. Auch zur Herstellung von Hundeleinen ist diese Flechttechnik gut geeignet. Dabei können auch Schnüre aus Leder verwendet werden. Mittels verschiedener Farben entstehen abwechslungsreiche Muster.

1 Binden Sie 8 Leinen oder Bändsel zusammen. Unterteilen Sie die Leinen in eine rechte und eine linke Gruppe zu jeweils 4 Stück. Bringen Sie die äußerste oberste linke Leine (hier rot) hinten um die Arbeit, sodass sie in der Mitte der 4 rechten Leinen herauskommt. Führen Sie sie wieder zurück, sodass sie innen und unterhalb der anderen 3 Parten zum Liegen kommt.

2 Führen Sie die äußerste obere rechte Leine (grün) hinten um die Arbeit, sodass sie in der Mitte der 4 linken Leinen heraustritt. Führen Sie sie wieder zurück, sodass sie innen und unter ihren 3 Parten zum Liegen kommt.

3 Wiederholen Sie Schritt 1 und stellen Sie sicher, dass die oberste und am weitesten entfernte Leine zum Einsatz kommt.

4 Wiederholen Sie Schritt 2 und nehmen Sie erneut die Leine, die am weitesten entfernt ist.

5 Fahren Sie auf diese Weise fort und nehmen Sie immer diejenige Leine, die am weitesten entfernt ist. Ziehen Sie die Flechtarbeit dabei fest. Achten Sie insbesondere auf der Rückseite auf eine gute Festigkeit der Flechtung. Binden Sie zum Schluss die Enden zusammen.

Sechsstrang-Rundzopf

Mit dieser Flechttechnik lassen sich starke Leinen herstellen, die gleichzeitig eine hohe Flexibilität bieten. Unter Verwendung von verschiedenen Farben erhält man unterschiedliche eindrucksvolle Muster. Der Anfang fällt oftmals nicht ganz leicht, jedoch lohnen sich Geduld und Mühe.

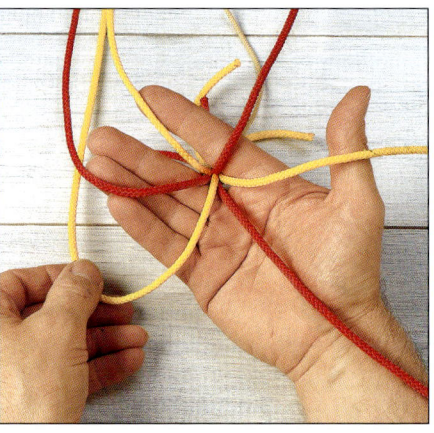

1 Ordnen Sie 6 Leinen oder Bändsel in 2 Farben wie auf dem Bild an. Sollten Sie nur eine Farbe verwenden, sollte jede zweite Leine zur besseren Orientierung markiert werden.

2 Legen Sie jede gelbe Leine gegen den Uhrzeigersinn über die roten Leinen.

3 Halten Sie die roten Leinen unter gleichmäßigem Zug nach oben und die gelben nach unten.

4 Knicken Sie eine rote Leine über die im Uhrzeigersinn nächste gelbe Leine nach unten.

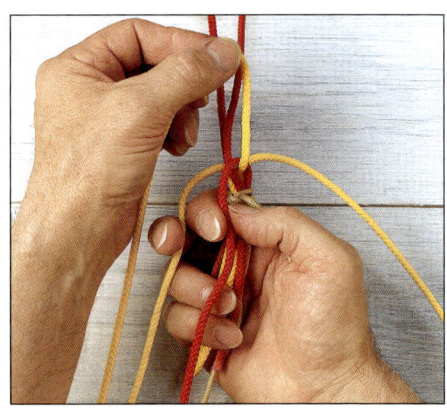

5 Holen Sie diese gelbe Leine nach oben und fixieren Sie damit die gerade bewegte rote Leine.

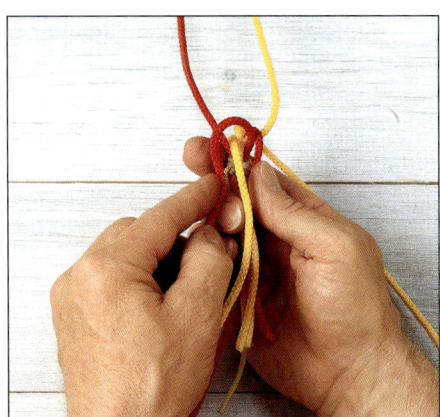

6 Biegen Sie eine weitere rote Leine nach unten und über die im Uhrzeigersinn nächste gelbe Leine.

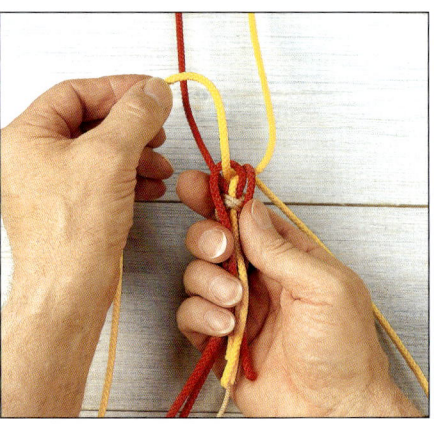

7 Bringen Sie die zweite gelbe Leine nach oben und fixieren Sie damit die rote.

8 Biegen Sie die verbliebene rote Leine über die zuletzt bewegte gelbe Leine nach unten.

9 Holen Sie die zuletzt bewegte gelbe Leine nach oben zu den beiden anderen gelben Leinen.

10 Wiederholen Sie diese Schrittabfolge, bis die gewünschte Länge erreicht ist. Binden Sie die Enden am Schluss zusammen.

Begriffserklärungen

Abseilen Selbstgesteuerter Abstieg beim Bergsteigen mithilfe eines verankerten Seils.

Arbeitsende Das nicht bewegte Ende einer Leine beim Knoten, auch feste oder stehende Part bzw. festes Ende genannt.

Aufschießen Zusammenlegen einer Leine oder eines Seils in geordneten Buchten.

Auge Eine geschlossene Bucht, entstanden durch Überkreuzen der beiden Leinen-, Schnur- oder Tauwerksenden.

Bändsel Kürzeres Stück Tauwerk mit meistens weniger als 10 mm Durchmesser, wird oft nur zum vorübergehenden Befestigen benutzt.

Belastbarkeit Tatsächliche Haltbarkeit einer Leine unter Einwirkung eines Knotens, angegeben in Prozent.

Blutknoten Eine Gruppe starker, belastbarer Knoten, bestehend aus mehreren Wicklungen. Sie sind besonders beliebt bei Anglern und Bergsteigern. Der Name geht zurück auf die medizinische Verwendung in der Vergangenheit.

Bruchfestigkeit Ein theoretischer Wert, der Abnutzung, ruckartige Belastung oder Knoten nicht berücksichtigt. Wird in Kilogramm oder Tonnen angegeben.

Bucht Ein zum Bogen gelegtes Stück Leine oder Tauwerk, das sich nicht selbst kreuzt.

Bunsch Ein zur Aufbewahrung oder zum Transport in Buchten zusammengelegtes Seil oder Leine.

Ellbogen Kreuzungspunkt in einem Knoten, an dem sich zwei Leinen mehrmals überschneiden, bedingt durch Verdrehen eines Auges.

Fall Leine zum Hochziehen und Runterlassen eines Segels.

Faser Kleinste Teile, aus denen Tauwerk besteht.

Fender Kissenartiges Polster zum Schutz der Außenhaut eines Schiffes vor Stößen und Reibung, meist aufblasbar oder aus einem weichen Material.

Festes Ende Das nicht bewegte Ende einer Leine beim Knoten, auch feste oder stehende Part bzw. Arbeitsende genannt.

Festigkeit Die mögliche Belastbarkeit einer Leine unter dem Einfluss eines Knotens.

Festmachen Befestigen von Leinen oder Tauwerk beim Anlegen eines Schiffes.

Garn Dünne Leine aus Natur- oder Synthetikfasern.

Geflochtenes Tauwerk Tauwerk, dessen äußerer Mantel um eine Seele als Kern herumgeflochten ist.

Geschlagenes Tauwerk Tauwerk, hergestellt durch Verdrehen von Fasern in gegenläufigem Drehsinn.

Hilfsleine Leine, mit deren Hilfe ein schwereres Tau zu seinem Bestimmungspunkt gebracht wird.

Kabeltau Aus drei Kardeelen geschlagene Leine.

Karabiner Ein D- oder birnenförmiger Schnapphaken mit zuverlässig schließendem beweglichen Segment.

Kardeel Einzelstrang eines Taus, das aus verdrillten Fasern besteht.

Kausch Innere Verstärkung eines Auges, bestehend aus Metall oder Kunststoff.

Keep Zwischenraum zwischen den Kardeelen bei einem geschlagenen Tauwerk.

Kern-Mantel-Tauwerk Tauwerk aus Seele (oder Kern, bestehend aus parallelen Faserbündeln) und dicht geflochtener Hülle.

Kinken Deformation einer Leine durch Verdrehen oder durch ein zu stark festgezogenes Auge.

Knick Punkt in einem Knoten, an dem sich die Reibung konzentriert.

Knoten Allgemeine Bezeichnung für eine Verschlingung in einer Leine, Tauwerk, in Bändern oder Garnen.

In sich selbst fester Knoten, ausgeführt mit einer oder mehreren Leinen durch Verschlingen der Enden ohne stützenden Befestigungspunkt.

Lasching Knoten oder eine Kombination derselben zum An- oder Zusammenbinden von Gegenständen.

Leine Tauwerk mit einer spezifischen Funktion, z.B. Schlepp-, Anker- oder Wäscheleine.

Marlspieker Vorne spitz zulaufender Dorn für die Arbeit mit Tauwerk.

Mitteln Eine Leine in einer Bucht in zwei Enden von gleicher Länge teilen.

Monofil Auch „einfaserig" genannt. Durchgehende synthetische Faser mit einem gleichmäßigen Durchmesser von weniger als 50 Mikrometern.

Multifil Auch „mehrfaserig" genannt. Ein Bündel aus durchgehenden synthetischen Fasern mit einem gleichmäßigen

Durchmesser von weniger als 50 Mikrometern.

Naturfaser-Tauwerk Tauwerk aus pflanzlichen Fasern.

Nylon Erste synthetische Faser zur Herstellung von Tauwerk (Handelsnamen: Perlon, Enkalon).

Platting Geflecht aus mehreren ineinander verwobenen Leinen oder Bändseln, flach oder rund.

Polyäthylen Eine synthetische Faser.

Polyester Synthetisches Tauwerk, das weit verbreitet ist (Handelsnamen: Dacron, Terylen).

Polypropylen Eine synthetische Faser, die vielseitig verwendbar ist.

Reck Das Längerwerden einer Leine unter Last.

Reffen Verkleinerung der Segelfläche durch Einbinden eines Teils des Segels.

Rundtörn Umschlingen einer Leine, einer Stange oder eines Rings mit dem losen Ende einer Leine, sodass es parallel zur festen Part oder dem festen Ende kommt.

Schlag Drehrichtung der Kardeele bei einem geschlagenen Tauwerk (rechtsgeschlagen/Z-Schlag, linksgeschlagen/S-Schlag).

Schlinge Durch einen Knoten geschlossener Ring aus Leine oder Gurtmaterial. Laufendes oder regulierbares Auge.

Schnur Dünnes Tauwerk.

Schot Leine zum Einstellen der Segel hinsichtlich ihrer Position zum Wind.

Seele Geschlagene oder geflochtene Fasern, Garn oder Tauwerk, das den zentralen Hohlraum in einem Tauwerk füllt. Sie bestimmt die Eigenschaften wie Festigkeit oder Elastizität des Endprodukts.

Sicherheit Potentielle Belastbarkeit eines Knotens.

Spleißen Verflechten von Kardeelen, um zwei Leinen miteinander zu verbinden, zur Anfertigung eines festen Auges oder zur Verhinderung des Ausfransens einer Leine.

S-Schlag Rechtsherum geschlagen.

Stagen Leinen zum Halten des Mastes, meist aus Draht oder Rundstahl.

Stapelfasern Kurze Faserabschnitte. Bei Naturfasern sind sie natürlich bedingt, bei synthetischem Tauwerk sind sie auf eine beabsichtigte Länge geschnitten.

Stehende Part Auch „feste Part" genannt. Der Abschnitt einer Leine zwischen Knoten und dem festen Ende, das nicht bewegt wird.

Stek Knoten, bei dem das Arbeitsende durch einen Ring, ein Auge oder eine Bucht gesteckt wird. Oftmals brauchen Steke einen Befestigungspunkt, durch den sie gestützt werden.

Stropp Ein geschlossener Ring, angefertigt aus einer Leine oder Gurtmaterial.

Synthetisches Tauwerk Aus Kunstfasern hergestelltes Tauwerk. Es kann

ein-, mehrfaserig oder aus Stapelfasern bzw. geschnittenen Fasern bestehen.

Takling Wicklung am Ende eines Taus, damit dieses nicht ausfranst.

Talje Kombination aus Leinen und Blöcken, die ähnlich dem Flaschenzug beim Heben oder Ziehen eine Kraftersparnis bewirken.

Tampen Ende einer Leine oder ein kurzes Stück Leine.

Tau Tauwerk von mehr als 10 mm Durchmesser.

Tonnenknoten Siehe Blutknoten.

Törn Eine 360°-Windung einer Leine um einen Ring, ein Geländer, eine Stange oder ein Tau. (Siehe auch *Rundtörn*.)

Trosse Dickes Tauwerk aus drei rechtsgeschlagenen Kabeltauen, die wiederum linksgeschlagen aus neun Kardeelen zusammengefügt sind.

Überhandauge Auge, bei dem das Arbeitsende über der festen oder stehenden Part liegt. (Siehe auch *Auge*.)

Umkippen Ein Knoten kann durch Überlastung oder falschen Einsatz (um-) kippen und sich dabei lösen. Ein Knoten kann auch durch beabsichtigtes Kippen gelöst werden. Bei manchen Knoten ist das Kippen Teil seiner Anfertigung.

Unterhandauge Auge, bei dem das Arbeitsende oder die lose Part unter der festen Part liegt.

Verschluss eines Knotens Das letzte Durchstecken der losen Part, wodurch der Knoten gesichert wird.

Wanten Leinen, die den Mast zu den Seiten hin halten. Meist aus Drahttauwerk oder Rundstahl.

Z-Schlag Linksherum geschlagen (Tauwerk).

Zurring Knoten oder Kombination aus Knoten zum Festzurren von Gegenständen. (Siehe auch *Lasching*.)

Register

Weitere Informationen

Geoffrey Budworth beschäftigt sich seit mehr als 50 Jahren mit der Knotentechnik. Als ehemaliger Beamter der Wasserpolizei auf der Themse hatten seine Kenntnisse einen stetigen Praxisbezug. Er ist Mitbegründer und ehemaliger Vorsitzender der *International Guild of Knot Tyers* mit Sitz in Cornwall, Großbritannien. Hier steht er bei Bedarf dem National Maritime Museum bei Fragen zu Tauwerk und Knoten als Berater zur Verfügung.

Der Autor dankt:
David Ierston (English Braids Ltd.) für die freundliche Überlassung des im vorliegenden Buch verwendeten Tauwerks; Brenda Risdon (Oakhurst Quality Products Ltd.), Kevin Keatly (K.J.K. Ropeworks), James Martin (Marlow Ropes Ltd.), Des und Liz Pawson (Footrope Knots) für die freundliche Überlassung weiterer im vorliegenden Buch verwendeter Leinen und Taue sowie für ihre fachmännische Beratung.

Besonderer Dank gilt Des Pawson, der die historischen Tauwerksarbeiten für die Illustration dieses Buch zur Verfügung stellte.

Internationale Gilde der Knotenmacher Deutsche Sektion e.V.: eine Unterorganisation der *International Guild of Knot Tyers*, die 2009 in Flensburg gegründet wurde. Weitere Informationen finden Sie unter www.knotengilde.de.